Suppen
machen glücklich

einfach gut leben

Suppen machen glücklich

Martina Schurich

Dort-Hagenhausen-Verlag

Inhalt

Vorwort

Seit einigen Jahren lebe ich abwechselnd in England und Österreich und bereise die verschiedensten Länder. Ich bin eine „faule" Köchin, meine Rezepte sind oft schnell zubereitet – mit Pfiff, aber ohne allzu viel „Schnickschnack". Dennoch liebe ich es, meine Familie und Freunde mit gutem Essen zu verwöhnen. Dabei habe ich erfahren, dass Suppen bei fast allen Menschen auf große Gegenliebe stoßen. Weder das Alter noch verschiedene Kulturen oder Essgewohnheiten spielen eine Rolle: Suppen werden heißgeliebt! Ein dampfender, herzhaft duftender Teller Suppe lässt die Herzen überall höher schlagen. Diesem persönlichen Eindruck wollte ich im Sommer 2014 auf den Grund gehen und habe 100 Menschen in Deutschland, England und Österreich schriftlich zum Thema befragt. Es war tatsächlich nicht ein Teilnehmer dabei, der Suppen nicht mochte! Alle nannten eine oder mehrere Lieblingssuppen, an vorderster Stelle standen Nudel-, Kartoffel-, Gemüse- und allerlei Cremesuppen.

Ob diese besondere Vorliebe wohl daher kommt, dass Suppen die ersten gekochten Mahlzeiten unserer Vorfahren waren? Unsere Urahnen versammelten sich um das gerade entdeckte Feuer, die Menschheitsentwicklung machte durch die plötzliche Verdaulichkeit von Nahrung einen Riesensprung nach vorne. Beim gemeinsamen Essen von Suppe fühlte man sich wohl, zusammengehörig und sicher (siehe Seite 34: „Heißgeliebte Ur-Mahlzeit"). Diese Gefühle können wir bis heute nachempfinden. Suppen haben etwas mit Geborgenheit, Wärme, Wohlbefinden, Gemeinsamkeit und Glück zu tun. „Es ist noch Suppe da" steht für eine Einladung, die von Herzen kommt. Wenn ich als Kind krank war und meine Mutter mir einen Teller Einbrennsuppe ans Bett brachte, hat mir diese Wohltat wieder auf die Beine geholfen. Als ich später meinem Vater eine orientalische Suppe kochte, die ihn an seine wunderschöne Reise erinnerte, habe ich es ihm angesehen – das Suppenglück. Oder die feine Fenchelsuppe, die ich meiner Freundin zur Mittagspause ins Büro gebracht habe: Was für eine Freude! Und wenn ich mal allein zu Hause einen entspannten Abend verbringe, dann sitze ich auf der Couch und genieße löffelweise Gutes, ganz für mich. Suppen können also ganz unterschiedliche Bedürfnisse erfüllen, und so ist auch dieses Buch aufgebaut. Je nach Alltagssituation und Stimmungslage können Sie die passende Suppe für sich und Ihre Lieben auswählen – dabei wünsche ich Ihnen eine Extra-Portion Wohlgefühl!

Martina Schurich, im Frühjahr 2015

Einführung

Was macht eine gute Suppe aus?

Zunächst einmal lautet die Antwort auf diese Frage wie bei jedem guten Essen: Es sollte vor allem schmecken und guttun. Beschäftigt man sich jedoch näher mit dem Thema Suppen, fällt auf, dass mit dieser Mahlzeit ein ganz besonderes Wohlgefühl verbunden ist. Mit einer guten Suppe lassen sich auch Zufriedenheit, Wärme und Geborgenheit löffeln. Darüber hinaus schenkt eine „Kraftbrühe" unserem Körper schnell und reichlich neue Energie und vermag sogar, uns gesund zu pflegen. Bei solch einer Wohltat ist es also kein Wunder, dass jeder Deutsche mehr als 100 Teller Suppe im Jahr zu sich nimmt (Quelle: Deutsches Suppen-Institut). Allerdings sind davon mehr als die Hälfte Fertigsuppen – und es ist zu bezweifeln, dass die verflüssigten Pülverchen auch nur annähernd so wohltuend sein können wie eine selbst gemachte Suppe.

Dabei ist die Zubereitung einer guten Suppe im Grunde sehr einfach und dauert oft nur wenig länger als ein Essen „aus der Tüte". Das gilt beispielsweise für Suppenklassiker wie Gemüse-, Kartoffel-, Tomaten- oder Nudelsuppe, die allesamt schnell gemacht sind. Als Basis habe ich meist vorgekochte und tiefgefrorene Gemüse-, Rinder- oder Hühnerbrühe zur Hand. Damit lassen sich im Handumdrehen allerlei feine Süppchen zubereiten. Sie finden allerlei „flotte" Rezepte in diesem Buch, beispielsweise im Kapitel „Suppen für das schnelle Glück" (Seite 100ff.).

Zu Beginn des alltäglichen Kochens stellt man sich oft die Frage, welche frischen Zutaten denn gerade im Haus sind. Auch

Warme Heiße
Suppe
ab
1 2 Uhr
vor

bei meiner privaten Umfrage zu Suppen (siehe Seite 8) hat sich gezeigt, dass dies bei vielen Befragten den Anfang des Kochens ausmacht. Dabei ist man bei Suppen glücklicherweise besonders flexibel: Die Auswahl an möglichen Zutaten ist riesig (siehe auch „Spontane Lieblingssuppen für kreative Köche" auf Seite 66), wobei ich generell saisonale und regionale Zutaten bevorzuge. Ganz nach Gusto und dem, was Kühlschrank und Vorratsregal gerade hergeben, sucht man sich die einzelnen Bestandteile aus. Diese besondere Flexibilität erleichtert die schnelle Küche im Alltag ungemein. Auch wenn spontan Gäste zum Essen dableiben, steht schon bald eine dampfende, duftende Mahlzeit auf dem Tisch, die rundum für Zufriedenheit sorgt. Oft genügen dazu nur wenige Zutaten: Unter Beachtung der verschiedenen Garzeiten landen sie nach und nach im Suppentopf und verbinden sich durch die hinzugefügte Flüssigkeit (meist Wasser oder Brühe) zu einem wunderbaren Ganzen. Durch das Köcheln in *einem* Topf verschmelzen die einzelnen Aromen miteinander zu einem neuen Geschmack, der zuletzt noch mit frischen Kräutern oder Gewürzen verfeinert wird. Nach Lust und Laune wird die Suppe stückig belassen oder zu einer sämigen Creme püriert. Fertig!

In diesem Zusammenhang spielt noch ein weiterer Aspekt eine wichtige Rolle: In Suppen kann man wunderbar Reste verwerten. So werden verschrumpelte Möhren oder Äpfel mit braunen Stellen einfach geputzt und ergeben noch eine tadellose Suppe. Dasselbe gilt für bereits gekochtes Gemüse oder Fleisch: In einer Suppe bekommen sie ein ganz neues Gewand. Oft sind es sogar gerade diese „vorgekochten" Speisen, die besonders lecker schmecken: „Wofür sie besonders schwärmt, wenn er wieder aufgewärmt" (Wilhelm Busch).

Ein weiterer Punkt, der auch „faule" Köche wie mich mit Spaß kreativ werden lässt, sind die vielfältigen Möglichkeiten für Beilagen und Einlagen. Zur Suppe einen Salat, ein Sandwich, Blätterteigstangen oder Würstchen im Schlafrock – in der Suppe die verschiedensten Klöße, Nocken, Frittaten, Backerbsen & Co. Eine gute Suppe muss satt machen und dafür sind gerade die beliebten Einlagen erste Wahl. Sie sind oft einfacher zubereitet, als manch einer vielleicht befürchtet. Natürlich schmecken auch Nudeln, Reis, Kartoffeln, Gerstengraupen, Quinoa, Bulgur oder Maisgrieß; und satt machen sie auch. Dass Suppen „nur" eine Vorspeise sind, ist jedenfalls ein längst überholtes Vorurteil!

Einlagen und Beilagen können noch eine weitere Suppenlust erfüllen: die Freude an verschiedenen Konsistenzen. Meine große Vorliebe für solche im Mund spürbaren Texturen motiviert mich oft dazu, Zutaten mit unterschiedlichem „Biss" zu vereinen, beispielsweise kommt zum weich gekochten Gemüse knusprig gebratener Frühstücksspeck, laut krachende Backerbsen oder Gemüsechips. Oder ich kombiniere mit einer kontrastreichen

Beilage: zum Cremesüppchen ein knackiges Sandwich, frischer Salat, knusprig gebratenes oder gebackenes Gemüse.
Last but not least besitzen Suppen noch eine weitere, praktische und aktuell gefragte Eigenschaft: Man kann sie gut als mobile Mahlzeit transportieren und mitnehmen, sei es auf einen Ausflug oder mittags ins Büro. Dazu füllt man die Suppe einfach in eine Thermoskanne: Hier bleibt sie über Stunden hinweg heiß und lecker (viele weitere Ideen und Rezepte dazu finden Sie in meinem Buch „Essen to go", siehe Seite 167).

In Asien sind Suppen so beliebt, dass sie am liebsten täglich verzehrt werden – sogar schon zum Frühstück. Dafür gibt es gute gesundheitliche Gründe (siehe Seite 138: „Suppe zum Frühstück?"). Auch wenn das für uns Europäer zu viel des Guten sein mag, gehören Suppen zu den bekömmlichsten Mahlzeiten überhaupt – und haben auch in unserer modernen Zeit einen festen Platz im Speiseplan verdient!

Grundrezepte für Brühen

Die Basis von Suppen ist neben Wasser eine Gemüse-, Rinder-, Hühner- oder Fischbrühe. Natürlich können Sie dafür Fertigprodukte wie Pulver, Extrakte oder Fonds verwenden. Besonders wohltuend und lecker sind selbst gemachte Brühen. Ich bereite sie gleich in größeren Mengen zu, dann habe ich immer einen Vorrat griffbereit. Die abgekühlte Brühe wird in mehreren Portionen à 500 ml eingefroren. Diese Menge ergibt später eine Suppe für zwei Portionen. Zum Einfrieren verwende ich große, saubere Joghurtbecher; möglich sind natürlich auch Gefrierdosen oder luftdicht schließende Plastikbeutel. Letztere kann man nur einmal benützen; Dosen sind daher praktischer und umweltfreundlicher. Zur Haltbarkeit des Gefrierguts gibt es ganz unterschiedliche Angaben, ich bewahre sie bis zu einem Jahr auf.
Um eine klare Brühe zu erhalten, rührt man während des Kochens nicht um. So werden die Trübstoffe nicht aufgewirbelt, sondern setzen sich am Topfboden ab. Auch deswegen werden Brühen nicht sprudelnd gekocht, sondern nur erhitzt („simmern"). Mitgekochte Zwiebelschalen verleihen der Brühe eine schöne, dunklere Farbe. Je mehr Karotten man mitkocht, desto süßlicher wird ihr Geschmack.

Gemüsebrühe

vegetarisch

Für ca. 2 Liter

1–2 Zwiebeln
1 Lauchstange
1/2 Knollensellerie oder 3–5 Stangen Staudensellerie
2 Karotten
2 Petersilienwurzeln
1 Pastinake
frische Petersilie und Liebstöckel
1–2 Knoblauchzehen
1 Lorbeerblatt
4 Pfefferkörner
Piment- oder Nelkenpulver
Salz
2 l kaltes Wasser

■ Die Zwiebeln schälen und vierteln. Den Lauch putzen, waschen und in etwa 3 Teile schneiden. Knollen- oder Stangensellerie putzen, schälen und grob zerkleinern.

■ Karotten, Petersilienwurzeln und Pastinake putzen und mit der Gemüsebürste waschen. Liebstöckel und Petersilie ebenfalls waschen, Knoblauch schälen und durchpressen.

■ Das kalte Wasser in einen größeren Topf gießen. Alle Zutaten dazugeben und die Brühe zum Kochen bringen. Die Suppe bei niedriger Temperatur zugedeckt 2 bis 3 Stunden ohne Kochen garen lassen (simmern), dabei nicht umrühren.

■ Für eine klare Gemüsebrühe die Suppe langsam durch ein Sieb abgießen oder die Brühe mit einer Suppenkelle herausschöpfen, sodass die Trübstoffe weitgehend unten am Topfboden zurückbleiben. Für eine stückige Variante das Gemüse klein schneiden und wieder zur Suppe geben. Alternativ die stückige Gemüsebrühe pürieren.

Tipp

Für eine Gemüsebrühe verwende ich zusätzlich sämtliche Gemüseabfälle, die gerade vorhanden sind, z. B. gewaschene Schalen, Kräuterstiele und Reste von Karotten, Kohlrabi, Fenchel, Kartoffeln oder Topinambur.

Rinderbrühe

Für ca. 2 Liter

1 Zwiebel
2 l kaltes Wasser
Rinderknochen nach Belieben (siehe Tipps)
500 g Rindfleisch (Suppenfleisch, z. B. Bein oder Schulter)
4 Wacholderbeeren
2 Lorbeerblätter
frisch geriebene Muskatnuss
Piment- oder Nelkenpulver
Liebstöckel
Salz
Pfeffer aus der Mühle

■ Karotte, Steckrübe und Petersilienwurzel putzen, schälen oder mit einer Gemüsebürste waschen. Lauch putzen, waschen und in etwa 4 cm lange Stücke schneiden. Sellerie schälen und in grobe Stücke teilen.

■ Die Zwiebel mitsamt Schale halbieren und in einem großen Topf ohne Fett anbraten lassen, bis die Schnittflächen nahezu schwarz sind. Das Wasser dazugießen und Rindfleisch, Suppengemüse und Rinderknochen dazugeben. Mit Wacholder, Lorbeer, Muskatnuss, Piment, Liebstöckel, Salz und Pfeffer würzen.

■ Die Suppe erhitzen, aber nicht kochen. Bei niedriger Temperatur zugedeckt etwa 2 Stunden ohne Kochen garen lassen (simmern), dabei gelegentlich den Schaum abschöpfen.

■ Alle stückigen Zutaten mit einem Schaumlöffel aus der Brühe nehmen. Mit einer Suppenkelle die klare Brühe abschöpfen, sodass die Schwebeteilchen am Topfboden zurückbleiben.

■ Die Suppe nach Wahl klar belassen oder mit dem klein geschnittenen Suppengemüse und dem klein gewürfelten Rindfleisch anreichern.

Tipps

Auch ohne Rinderknochen besitzt die Suppe ein vollmundiges Aroma. Es ist ebenso möglich, die Brühe nur aus Knochen zuzubereiten. Je nach erwünschtem Fettanteil kann man die Brühe über Nacht kalt stellen und das gestockte Fett abschöpfen. Das klein geschnittene Rindfleisch kann z. B. als pikanter Salat zubereitet und gut verpackt ins Büro oder als Proviant zu einem Ausflug mitgenommen werden (dieses und weitere Rezepte finden Sie in meinem Buch „Essen to go“, siehe Seite 167).

Hühnerbrühe

Für ca. 2 Liter

2 Zwiebeln
1/4 Knollensellerie
1 Lauchstange
1–2 Karotten
1 kg Hühner- oder Geflügelknochen bzw. -karkasse oder 1 Suppenhuhn
2 l kaltes Wasser
1 Lorbeerblatt
3 Wacholderbeeren
Salz
4 Pfefferkörner

■ Die Zwiebeln ungeschält halbieren. Sellerie schälen und in grobe Stücke schneiden, Lauch waschen, putzen und in etwa 3 Teile schneiden. Die Karotten putzen, waschen oder schälen.

■ Die gewaschenen Hühnerknochen in einen größeren Topf mit hohem Rand geben. Das Suppenhuhn ohne Innereien als Ganzes in den Topf geben. Mit dem Wasser aufgießen und das Gemüse dazugeben. Mit Lorbeer, Wacholder, Salz und Pfeffer würzen.

■ Die Hühnerbrühe erhitzen, aber nicht kochen. Fett und Schaum mit einer Schaumkelle abschöpfen. Die Brühe bei niedriger Temperatur 2 bis 3 Stunden zugedeckt ohne Kochen garen lassen (simmern).

■ Das Suppenhuhn aus der Suppe nehmen, die Hühnerbrühe langsam durch ein Sieb abgießen. Mit Salz abschmecken. Nach Wunsch die Gemüse- oder Hühnchenstücke mundgerecht zerkleinern und zur Suppe geben oder für ein anderes Rezept weiterverwenden.

Tipp

Die Menge an Suppengemüse entspricht etwa 2 Bund Suppengrün. Je länger die Hühnerbrühe köchelt, desto wohltuender und aromatischer wird sie (siehe Seite 130). Eine Geflügelbrühe kann ebenso aus Enten-, Fasanen- oder Gänseknochen bzw. -karkassen zubereitet werden. Dann würzt man zusätzlich mit Majoran oder Thymian und schmeckt mit 4 bis 6 cl Cognac oder Sherry ab.

Fischbrühe

Für ca. 1 Liter

1 kg Fischabschnitte und -karkassen (vom Fischhändler)
1 Zwiebel
2 Knoblauchzehen
1–2 Stangen Staudensellerie
1/2 Fenchel
1 EL Olivenöl
200 ml Weißwein
1 l kaltes Wasser
Thymian, Salz
1 Lorbeerblatt
2 Wacholderbeeren

■ Die Fischabschnitte in einem Sieb waschen und abtropfen lassen. Die Zwiebel und die Knoblauchzehen schälen und klein schneiden. Sellerie und Fenchel waschen und in Scheiben schneiden.

■ Das Olivenöl in einem größeren Topf erhitzen. Zwiebel, Knoblauch und Fischkarkasse anbraten. Mit Weißwein aufgießen und einige Minuten köcheln lassen. Das Wasser dazugießen. Sellerie, Fenchel und Fischabschnitte dazugeben. Mit Thymian, Salz, Lorbeer und Wacholder würzen.

■ Die Fischbrühe zugedeckt bei niedriger Temperatur 45 bis 60 Minuten ohne Kochen garen lassen (simmern), dabei den Schaum immer wieder mit einer Schaumkelle abschöpfen. Die Brühe durch ein Stoffsieb oder ein Tuch abgießen, damit die Gräten ausgesiebt werden. Fisch und Gemüse entsorgen (siehe Tipp).

Tipp

Eine weitere Möglichkeit ist, die Fischabschnitte und -karkassen in ein feines, sauberes Stofftuch zu geben, dieses gut zuzubinden und das „Fischsäckchen" in den Topf zu geben. Nach dem Kochen kann es einfach wieder entfernt werden – und die Gräten bleiben draußen.

Love

Suppen für Familie und Freunde

vegetarisch

Zucchinisuppe mit Kräuterquarkpfannkuchen

„Es ist noch Suppe da" – Groß und Klein freuen sich über so eine Gemüsesuppe mit Pfannkuchenröllchen. Die cremige Kräuterquarkfüllung können Sie nach Geschmack mild mit frischer Petersilie und Estragon zubereiten oder pikant mit Kresse oder Meerrettich.

Für 4 Portionen

2 Zucchini
2 kleine Kartoffeln
2–4 Knoblauchzehen
1 Chilischote nach Geschmack
3 EL Olivenöl
1 l Gemüsebrühe (Rezept auf Seite 17)
Salz
Oregano

Für 4 Pfannkuchen

80 g Weizen- oder Dinkelmehl
2 Eier
200 ml Milch
Salz
4 EL Pflanzenöl oder Butter zum Ausbacken
4 EL frische Kräuter (z. B. Petersilie und Estragon)
4 EL Quark
Salz

■ Zucchini waschen, vom Stielansatz befreien und in kleine Würfel schneiden. Die Kartoffel schälen und ebenfalls würfeln. Den Knoblauch schälen, in dünne Scheiben schneiden oder klein hacken. Die Chili waschen, der Länge nach halbieren, von Kernen und Stielansatz befreien.

■ Das Olivenöl erhitzen und den Knoblauch etwas anbräunen lassen. Die Zucchini- und Kartoffelwürfel dazugeben und bei sanfter Hitze unter gelegentlichem Rühren ca. 10 Minuten glasig werden lassen.

■ Die Gemüsebrühe dazugießen, mit Salz und Oregano würzen. Die halbierte Chilischote dazugeben und die Suppe zugedeckt 15 Minuten leicht köcheln lassen.

■ Für die Pfannkuchen Mehl, Eier, Milch und Salz verrühren. Pflanzenöl in einer Pfanne erhitzen und vier Pfannkuchen ausbacken.

■ Die frischen Kräuter waschen, trocken tupfen und fein hacken, mit dem Quark vermischen und mit Salz abschmecken. Den Kräuterquark auf den Pfannkuchen verteilen, diese fest zusammenrollen und in Scheiben schneiden.

■ Die Suppe abschmecken, nach Geschmack stückig belassen oder pürieren (dazu nach Wahl die Chili entnehmen) und die Pfannkuchenrollen dazu reichen.

Tipp

Bereiten Sie doch gleich die doppelte Menge an Pfannkuchen zu: Die übrigen Pfannkuchen in feine Streifen schneiden, bei Bedarf einfrieren und für die nächste Suppe als Einlage nutzen (als „Flädle" oder „Frittaten", siehe Seite 73).

Klare Pfifferlingssuppe mit Speck

Für 4 Portionen

500 g Pfifferlinge
2 kleine Zwiebeln
2–3 EL Butter
einige Stängel Petersilie
100 ml Weißwein nach Geschmack
1 l Gemüsebrühe (Rezept auf Seite 17)
frischer Liebstöckel und Majoran
Estragon
Salz
Pfeffer aus der Mühle
4–8 Scheiben Frühstücksspeck

Pfifferlinge wachsen zwischen Juni und Spätherbst: ein wunderbarer Anlass, um mit Familie oder Freunden bei einem ausgedehnten Spaziergang durch die Wälder zu streifen. Körbchen oder Stofftasche einpacken, Küchenmesser dazu – und los geht's! Eine Suppe daraus wird Ihrer Bande ganz besonders munden.

■ Die Pfifferlinge ohne Wasser mit einem kleinen Messer, einem Pinsel oder einem feuchten Tuch säubern. Die größeren Exemplare in mundgerechte Stücke schneiden.

■ Die Zwiebeln schälen und fein hacken. Butter in einem Topf erhitzen und die Zwiebel darin anbräunen. Die gewaschenen Petersilienstängel mit den Blättern fein schneiden und zu den Zwiebeln geben. Die Pfifferlinge hinzufügen, einige Minuten unter gelegentlichem Rühren mitbraten.

■ Mit Weißwein und Gemüsebrühe aufgießen. Mit dem gewaschenen, fein gehackten Liebstöckel, Majoran, Estragon, Salz und Pfeffer würzen und etwa 25 Minuten auf kleiner Flamme zugedeckt köcheln lassen.

■ Den Speck in einer Pfanne ohne weitere Fettzugabe einige Minuten von beiden Seiten anbraten, bis er knusprig ist. Auf Küchenkrepp abtropfen lassen. Die Suppe abschmecken und auf Teller verteilen. Mit den Speckscheiben und dem gewaschenen, klein gehackten Majoran garnieren.

Tipp

Das fruchtige, leicht pfeffrige Aroma und ihr festes Fleisch machen Pfifferlinge zu einer wunderbaren Suppenzutat.

Variante: Pfifferling-cremesuppe mit Kräuter-Crostini

vegetarisch

Für 4 Portionen

Pfifferlingssuppe (Rezept auf Seite 24)
6 EL Sahne
2 Baguettebrötchen
4 Cocktailtomaten
frische Petersilie und Majoran
2 TL Olivenöl
Salz

Ist noch etwas von der Pfifferlingssuppe mit Speck (siehe links) übrig geblieben? Dann habe ich noch eine schnelle Variante für Sie:

■ Von der Pfifferlingssuppe auf Seite 24 (ohne Speckscheiben) zwei Drittel entnehmen und mit der Sahne zusammen kurz pürieren, die Konsistenz sollte nicht zu fein sein. Mit dem restlichen Drittel Suppe verrühren, kurz erhitzen und abschmecken.

■ Für die Kräuter-Crostini die Baguettebrötchen in Scheiben schneiden und von beiden Seiten toasten. Die Cocktailtomaten waschen, in kleine Stückchen schneiden und in eine kleine Schüssel geben. Petersilie und Majoran waschen, trocken tupfen, klein schneiden und dazugeben. Olivenöl und Salz untermischen und auf dem gerösteten Brot verteilen.

Tipp

Sowohl zur klaren als auch zur cremigen Variante dieser Suppe passen Kartoffelstückchen. Unter Zugabe von etwas mehr Wasser werden sie einfach mitgekocht bzw. mitpüriert. Dabei darf eine großzügige Prise frisch geriebene Muskatnuss nicht fehlen!

vegetarisch

Kürbissuppe mit Herz

Für 2 Portionen

300 g Hokkaidokürbis
200 g Kartoffeln
50 g rote Linsen
1 Zwiebel
1 Knoblauchzehe
1–2 EL Olivenöl
600 ml Gemüsebrühe
Sternanis nach Geschmack
Salz
Pfeffer aus der Mühle
Saft von 1 Orange
50 ml Sahne

Liebe geht durch den Magen: Diese Suppe mit Herz übermittelt Ihre Liebeserklärung ganz ohne Worte – dafür mit viel Wärme, Genuss und einem Sahnehäubchen. Auch als kleine Geburtstagsüberraschung zu empfehlen!

■ Den Hokkaido waschen und aufschneiden, nicht schälen. Die Kerne mit einem Esslöffel herausschaben. Die gewünschte Kürbismenge abwiegen und mit einem scharfen Messer klein würfeln. Kartoffeln schälen, kurz abspülen und klein schneiden.

■ Die Linsen in einem Sieb mit kaltem Wasser waschen und abtropfen lassen. Zwiebel und Knoblauch schälen und klein schneiden.

■ Das Olivenöl in einem Topf erhitzen, Zwiebel- und Knoblauchwürfel einige Minuten anschwitzen. Linsen, Kürbis und Kartoffeln dazugeben, mit der Gemüsebrühe aufgießen. Die Suppe mit Safran, Sternanis, Salz und Pfeffer würzen. Zugedeckt etwa 20 Minuten sanft köcheln lassen.

■ Die Suppenteller im Backofen bei 50 °C erwärmen. Den Sternanis aus der Suppe nehmen, den Orangensaft dazugießen und pürieren. Die Sahne steif schlagen und in einen Spritzbeutel füllen (oder eine kleine Plastiktüte mit abgeschnittener Ecke verwenden). Die Kürbissuppe auf die angewärmten Teller verteilen und rasch mit einem Sahneherz garnieren.

Tipp

Alternativ als Topping 1 kleine Zwiebel und 2 geriebene Karotten mit Butter und Zucker karamellisieren, in wenig Gemüsebrühe garen und salzen. Zusammen mit Gemüsechips aus 1 Roten Bete und 2 Karotten (Rezept auf Seite 80) auf der Suppe anrichten (siehe Bild oben).

vegetarisch

Rucola-Spinat-Süppchen

Für 4 Portionen

200 g junge Spinatblätter
100 g Rucola
4 Frühlingszwiebeln
2 Knoblauchzehen
2 Stangen Staudensellerie
3–4 EL Olivenöl
Salz
Pfeffer aus der Mühle
800 ml Gemüsebrühe (Rezept auf Seite 17)
200 ml Sahne
frisch geriebene Muskatnuss
frischer Dill

Frisch auf den Tisch oder eingepackt fürs Picknick, schnell gemacht und voller Würze: In dieser tiefgrünen Suppe vereinen sich Rucola und Spinat. Für aromahungrige Abenteurer, kurzentschlossene Köche und länger bleibende Gäste bestens geeignet!

■ Spinatblätter und Rucola getrennt voneinander kurz im Wasserbad waschen und trocken schleudern. Frühlingszwiebeln waschen, putzen und in Ringe schneiden. Die Knoblauchzehe schälen und klein schneiden. Die Selleriestangen waschen, putzen, schälen und in Scheiben schneiden.

■ Das Olivenöl in einem Topf erhitzen. Frühlingszwiebeln, Knoblauch und Sellerie bei sanfter Hitze unter gelegentlichem Rühren einige Minuten anbraten. Spinatblätter dazugeben und kurz mitbraten, bis sie zusammenfallen.

■ Mit Salz und Pfeffer würzen und mit Gemüsebrühe aufgießen. Etwa 20 Minuten zugedeckt bei sanfter Hitze köcheln lassen.

■ Die Rucolablätter von harten Stängelteilen befreien und grob hacken, zur Suppe geben und kurz aufkochen lassen.

■ Die frisch geriebene Muskatnuss, Sahne und den gewaschenen, klein gehackten Dill unterrühren. Mit einem Stabmixer fein pürieren, dabei nach Geschmack einige Sellerie- und Zwiebelstücke als Suppeneinlage ganz belassen. Die Suppe abschmecken.

Tipp

Dazu passen Tortellini oder Grießnocken (Rezept auf Seite 85). Wer es besonders würzig mag, mischt noch etwas zerkrümelten Gorgonzola in die Suppe. Als Topping sind geröstete Pinienkerne zu empfehlen.

Gulaschsuppe

Für 4 Portionen

400 g Rindfleisch (Schulter oder Keule)
4 EL Bratöl
800 g Zwiebeln
4 Knoblauchzehen
2 rote Gemüsepaprika
4 TL edelsüßes Paprikapulver
1 l Rinder- oder Gemüsebrühe (Rezepte auf Seite 17f.)
Cayennepfeffer
2 TL Kümmelpulver
Salz
4 TL Sauerrahm
Schnittlauchröllchen
Essiggurken für die Garnitur

„Wofür sie besonders schwärmt, wenn er wieder aufgewärmt …" Dieser Suppenklassiker bringt Wärme in Körper und Gemüt. In einer geselligen Runde schmeckt Gulaschsuppe am allerbesten.

■ Das Fleisch unter fließendem Wasser waschen und trocken tupfen. In mundgerechte Stücke schneiden und nach Geschmack vom Fett befreien.

■ Das Bratöl in einem Topf erhitzen und das Fleisch bei starker Hitze rundum anbraten. Aus dem Topf nehmen und auf einem tiefen Teller abgedeckt beiseitestellen.

■ Zwiebeln und Knoblauch schälen, klein schneiden und im selben Topf bei sanfter Hitze unter gelegentlichem Rühren etwa 8 Minuten langsam anschwitzen.

■ Die Paprikaschoten waschen und von Stielansatz, Kernen und weißen Trennwänden befreien. In kleine Stücke schneiden, in den Topf dazugeben und kurz mitbraten. Mit dem Paprikapulver bestäuben und mit der Brühe aufgießen.

■ Das gebratene Fleisch dazugeben, mit Cayennepfeffer, Kümmel und Salz würzen. Die Gulaschsuppe so lange zugedeckt bei sanfter Hitze etwa 60 Minuten köcheln lassen, bis das Fleisch zart ist.

■ Die Fleischstücke mit einer Schaumkelle oder einem Esslöffel aus dem Topf nehmen und die Suppe mit einem Stabmixer pürieren.

■ Das Fleisch wieder in die Suppe geben, nochmals kurz erhitzen und abschmecken. Die Gulaschsuppe auf Tellern anrichten und mit je einem Klecks Sauerrahm, Schnittlauchröllchen und Essiggurken garnieren.

Tipp

Dazu Weißbrot in die Gulaschsuppe stippen. Sättigend und stärkend sind auch Kartoffel- oder Süßkartoffelwürfel, die einfach 15 Minuten vor Ende der Garzeit dazugegeben werden.

vegetarisch

Gemüsesuppe mit Muschelnudeln

Für 4 Portionen

200 g Romanesco
1 kleine Zucchini
100 g grüne Bohnen
250 g Rosenkohl
2 Tomaten
1 große Zwiebel
2 Knoblauchzehen
2 Karotten
2 Stangen Staudensellerie
ca. 200 g Muschelnudeln (Conchiglioni)
4 EL Olivenöl
1,2 l Gemüsebrühe (Rezept auf Seite 17)
Thymian
Majoran
Salz
Pfeffer aus der Mühle
4 EL weiche Butter
2 TL Rosmarinnadeln
4–8 Scheiben Ciabatta
frisch geriebener Parmesan
frischer Basilikum
etwas Olivenöl nach Geschmack

Ein Teller voll mit den verschiedensten Gemüsesorten – man möchte sich fast hineinlegen und ein Bad darin nehmen! Dazwischen schwimmen hübsche Muschelnudeln, und dazu gibt es frisches Ciabatta mit Rosmarinbutter.

■ Vom Romanesco kleine Röschen abschneiden, putzen und waschen. Die Zucchini waschen, putzen, der Länge nach vierteln und in Stücke schneiden.

■ Die Bohnen waschen und die Spitzen auf beiden Seiten jeweils knapp abschneiden. Bohnen je nach Größe halbieren oder dritteln. Rosenkohlröschen waschen, von den äußeren Blättern befreien, den Strunk einkürzen und die Röschen nach Wunsch halbieren.

■ Die Tomaten am Strunk kreuzweise einschneiden und mit kochendem Wasser übergießen. Kurz stehen lassen, mit kaltem Wasser abschrecken, schälen und klein würfeln.

■ Zwiebel, Knoblauch und Karotten schälen und klein schneiden. Die Selleriestangen waschen, schälen und in kleine Ringe schneiden. Die Muschelnudeln nach Packungsangabe in kochendem Wasser garen und abgießen.

■ Olivenöl in einem Topf erhitzen. Zwiebel, Knoblauch und Karotten einige Minuten unter Rühren anbraten. Tomaten, Bohnen und Rosenkohl dazugeben und mit der Gemüsebrühe aufgießen. Mit Thymian und Majoran würzen und die Suppe zugedeckt 10 Minuten leicht köcheln lassen. Dann den Romanesco und 5 Minuten später die Zucchini dazugeben. Nach weiteren 5 Minuten Kochzeit prüfen, ob das Gemüse gar ist. Die Suppe salzen, pfeffern und abschmecken.

■ Für die Rosmarinbutter die weiche Butter mit dem klein gehackten Rosmarin und etwas Salz mithilfe einer Gabel gut verrühren, in ein Schälchen geben und bis zum Servieren kalt stellen. Das Ciabatta nach Geschmack toasten.

■ Jeweils eine Portion Muschelnudeln in Suppenteller füllen und die Gemüsesuppe dazugießen. Nach Geschmack mit Parmesan bestreuen, etwas Olivenöl darüberträufeln und mit den gewaschenen Basilikumblättchen garnieren.

Tipp

Die italienische Pasta in Form einer Muschel finde ich als Suppeneinlage besonders reizvoll: Kleine Gemüsestücke verschwinden in der hübschen Form und ergeben ganz besondere Leckerbissen.

Löwenzahnsüppchen mit Martini

vegetarisch

Für 4 Portionen

2 Handvoll junge Löwenzahnblätter
2 Frühlingszwiebeln
2 EL Butter
2 TL Zucker nach Geschmack
160 ml Weißwein
80 ml Martini
700 ml Gemüsebrühe (Rezept auf Seite 17)
Salz
Pfeffer aus der Mühle
frisch geriebene Muskatnuss
200 ml Sahne
Oregano für die Garnitur

Dieses Rezept entstand, nachdem ich mir von einem Spaziergang frische Löwenzahnblätter für einen Salat mitgebracht hatte. Dann kam eine gute Bekannte vorbei – und wir hatten viel Spaß und Genuss mit dieser Kreation.

■ Die Löwenzahnblätter putzen, waschen, trocken schleudern und klein hacken. Die Frühlingszwiebeln waschen, putzen und fein hacken.

■ Die Butter in einem Topf erhitzen und die Zwiebeln einige Minuten unter Rühren anbraten. Mit Zucker karamellisieren, mit Weißwein und Martini ablöschen und etwa 15 Minuten einkochen lassen.

■ Die Gemüsebrühe dazugießen, mit Salz, Pfeffer und Muskatnuss würzen und die Suppe aufkochen lassen.

■ Den Löwenzahn dazugeben und 5 bis 10 Minuten mitköcheln. Den Topf von der heißen Herdplatte ziehen und die Sahne dazugießen. Die Suppe schaumig pürieren und abschmecken, bei Bedarf nochmals kurz erhitzen und mit dem gewaschenen Oregano garnieren.

Tipp

Sie können das Löwenzahnsüppchen noch mit Parmesan bestreuen und dazu ein kerniges Vollkornbrot mit Butter servieren.

Heißgeliebte Ur-Mahlzeit

Suppen machen glücklich – dieses Phänomen kann man bei Menschen weltweit beobachten, und jeder kann es bei sich selbst erspüren. Keine andere Speise bewirkt eine solche Zufriedenheit und Behaglichkeit wie ein Teller voll dampfender, duftender Suppe. Es ist ein Innehalten, ein Abschalten von Hektik und Pflicht, eine tiefe Entspannung, die sich Löffel für Löffel wohlig in unserem ganzen Körper ausbreitet. Diese Mahlzeit aus *einem* Topf ist ein Zusammenspiel verschiedenster Zutaten und Gewürze, die sich durch möglichst langes Köcheln harmonisch miteinander verbinden: Auf ähnliche Weise scheint diese Mahlzeit den Kreis von Menschen am Esstisch auf fast schon magische Weise zu vereinen.

Wohl keine andere Speise ist so mit positiven Gefühlen belegt wie die Suppe. Sie tut uns spürbar gut, schenkt Kraft und Energie, hilft sogar bei Krankheit. „Es ist noch Suppe da!": Werden wir zu einer Suppe eingeladen, fühlen wir uns freundschaftlich willkommen. Ebenso gern „verschenkt" ein Suppenkoch diese Mahlzeit an seine Lieben, sie bedeutet Fürsorge und Herzlichkeit. Löffelt man sie gemeinsam aus, fühlt man sich verbunden und zusammengehörig.

Warum hat die Suppe eine so starke emotionale Bedeutung für uns? Dazu lohnt ein Blick auf unsere Menschheitsgeschichte: Die wohl älteste gekochte Mahlzeit in der Evolution der Menschheit ist – die Suppe! Nach neuesten Erkenntnissen nutzte der „Homo erectus" vor über einer Million Jahren in der Steinzeit erstmalig das Feuer, um sich zu wärmen und um erste Nahrungsmittel zu erhitzen. Zuvor wurde die Nahrung ausschließlich roh verspeist. Dann kam die neue Zubereitungsform der Lebensmittel – das Kochen einer breiartigen Suppe über dem Feuer. Das war nicht nur geschmackvoller, sondern bedeutete vor allem, dass die Nahrung viel bekömmlicher, verdaubarer und nahrhafter wurde. Erst durch den Garprozess werden die Nährstoffe in fleischlicher Kost enzymatisch aufgeschlossen; auch pflanzliche Nahrung wird durch Kochen deutlich besser verwertbar oder erst genießbar.

Für die Menschheit bedeuteten diese ersten gegarten Mahlzeiten in Form einer Ur-Suppe deutlich mehr Energie und Kraft sowie ein rasantes Hirnwachstum – ein Grundstein in der Menschheitsentwicklung! Ohne die Erfindung dieser warmen Mahlzeit hätte der Steinzeitmensch wohl weiterhin einen Großteil seiner Zeit mit Kauen von rohem Fleisch und zähen Pflanzenteilen verbracht, ohne die Möglichkeit, sich körperlich und geistig weiterzuentwickeln.

Die Ur-Suppe der Steinzeit wurde in einem wasserdichten Stück Leder oder einem Tiermagen als Sack zusammengebunden und über glühenden Steinen zubereitet. Darin köchelten Wasser, Getreidekörner und Wildgemüse oder Früchte, manchmal Fleisch oder Fisch. In den vielen tausend Jahren danach wurden zwar immer mehr verschiedene Gemüse- und Obstsorten entwickelt und angebaut, das Getreide wurde schließlich geschrotet oder gemahlen. Aber die Zubereitung und die Basiszutaten der Suppe oder des Eintopfs blieben gleich, von der Steinzeit durch das Mittelalter bis in die Neuzeit. Im nördlichen Europa gab es die Ur-Suppe sogar bis ins 18. Jahrhundert, die sich in all der Zeit kaum weiterentwickelte. Suppen waren *das* Mittel der Menschheit, um sich zu ernähren und evolutionär weiterzuentwickeln! Rezepte für eine solche Ur-Suppe finden Sie in diesem Buch auf Seite 142 und 143 (Hafer-, Einbrenn- und Gerstensuppe).

Auf diesem geschichtlichen Hintergrund lässt sich erspüren, warum wir noch heute beim Essen einer Suppe ein ganz besonderes Wohlgefühl empfinden: Die wärmende und kräftigende Mahlzeit hat unsere Vorfahren viele Tausend Jahre lang genährt. Die Suppe, der Eintopf war es, der unsere Esskultur begründete. Um diesen einen Topf sammelten sich die Menschen am Feuer, um in Gemeinschaft friedlich miteinander zu essen. Hier fühlte man sich wohl und sicher.
Geblieben ist uns heute dieses ganz spezielle, liebevolle Verhältnis zur Suppe mit ihrer spürbaren positiven Wirkung auf Körper, Geist und Seele – und das wunderbare Gefühl, an einem Ort willkommen, versorgt und zu Hause zu sein.

vegetarisch

Kürbiscremesuppe mit Holunderbeerenmus

Für 4 Portionen

Für die Suppe
1 kg Hokkaidokürbis
2 Zwiebeln
2 Pastinaken
4 EL Olivenöl
Zimt
frisch geriebene Muskatnuss
edelsüßes Paprikapulver
Salz
1,2 l Gemüsebrühe (Rezept auf Seite 17)
Kürbiskerne für die Garnitur

Für das Holunderbeerenmus
200 g Holunderbeeren
1 Apfel oder 2 reife Pflaumen
50 g Zucker
Wasser nach Bedarf

Geschmack, Farbe, Inhalt – diese Suppe wird Ihre Lieben begeistern. Die Aromen von Kürbis und Pastinake ergänzen sich wunderbar, das Holunderbeerenmus dazu ist etwas ganz Besonderes. Wohlschmeckend und urgesund macht seine rotviolette Farbe das Orange der Kürbissuppe noch intensiver.

■ Den Hokkaidokürbis waschen und aufschneiden (nicht schälen), die Kerne mit einem Esslöffel herausschaben und die gewünschte Menge abwiegen. Den Kürbis mit einem scharfen Messer klein würfeln.

■ Zwiebeln und Pastinaken schälen und klein schneiden.

■ Das Olivenöl in einem Topf erhitzen. Zuerst die Zwiebeln anrösten, dann die Pastinaken und den Kürbis dazugeben und alles zusammen unter gelegentlichem Rühren bei mittlerer Hitze anbraten.

■ Mit Zimt, Muskatnuss, Paprikapulver und Salz würzen. Die Gemüsebrühe dazugießen und mindestens 20 Minuten zugedeckt sanft köcheln lassen.

■ Für das Holunderbeerenmus die Beeren waschen und abtropfen lassen. Die Äpfel schälen, entkernen und in kleine Würfel schneiden, Pflaumen waschen, entkernen und klein schneiden.

■ Holunderbeeren, Apfel oder Pflaumen in einem Topf bei mittlerer Hitze zum Kochen bringen. Den Zucker dazugeben und verrühren. Zugedeckt bei sanfter Hitze mindestens 30 Minuten köcheln lassen, dabei gelegentlich umrühren und nach Bedarf etwas Wasser dazugießen.

■ Die Kürbissuppe nach Geschmack pürieren oder stückig belassen und abschmecken, bei Bedarf nochmals kurz erhitzen. Die Suppe auf Teller oder Suppentassen verteilen und das Holunderbeerenmus als Topping dazugeben.

Tipp

Zuletzt mit grob gehackten Kürbiskernen bestreuen oder einige Tropfen Kürbiskernöl darüberträufeln.

Zwiebelsuppe mit Hirse-Amarantknödel

vegetarisch

Für 4 Portionen

Für die Knödel
160 g Hirse
120 g Amarant
2 Tomaten
Schnittlauch
1 Ei
Salz
2 EL Majoran
etwas Weizenmehl bei Bedarf

Für die Suppe
800 g Zwiebeln
4 Knoblauchzehen
2 Lauchstangen
2 grüne Gemüsepaprika
4 EL Olivenöl
800 ml Gemüsebrühe (Rezepte auf Seite 17)
Salz
Schnittlauch

Eine Suppe aus frisch geernteten Zwiebeln ist ein Herbst-Klassiker – ein herzhafter Anlass, um wieder einmal Freunde einzuladen. In meiner Variante bereichern Lauch und Paprika das pikante Aroma, dazu gibt es leckere Knödel. Was braucht man mehr zum Glück?

■ Für die Knödel Hirse und Amarant in einem Sieb unter fließendem, heißem Wasser waschen. Zusammen etwa 20 Minuten in kochendem Wasser garen, abgießen und abtropfen lassen.

■ Die Tomaten am Strunk kreuzweise einschneiden und in einer Schüssel mit kochend heißem Wasser übergießen, kurz stehen lassen. Abgießen, die Schale mit einem Messer abziehen, Tomaten vom Strunk befreien und in Würfel schneiden.

■ Den Schnittlauch waschen, in feine Röllchen schneiden und mit Amarant, Hirse und Ei zu den Tomatenwürfeln geben. Mit Salz und Majoran würzen, gut verrühren und die Mischung mindestens 10 Minuten ruhen lassen.

■ Für die Suppe Zwiebeln schälen und in grobe Ringe schneiden. Den Knoblauch schälen und fein schneiden. Lauch putzen, in mundgerechte Stücke schneiden, waschen und abtropfen lassen. Die Paprikaschoten waschen, von Kernen und Trennwänden befreien und klein schneiden.

■ Das Olivenöl in einem Topf erhitzen. Zwiebeln, Knoblauch, Lauch und Paprika bei sanfter Hitze langsam unter gelegentlichem Rühren anbraten. Mit Gemüsebrühe aufgießen und salzen. Die Zwiebelsuppe zugedeckt mindestens 20 Minuten sanft köcheln lassen.

■ In der Zwischenzeit aus dem Knödelteig mit den Händen feste, kleine Knödel formen, bei Bedarf noch etwas Mehl hinzufügen. Die Knödel in heißem, aber nicht kochendem Salzwasser etwa 10 Minuten ziehen lassen.

■ Die Suppe abschmecken, mit Schnittlauchröllchen garnieren und mit den Knödeln zusammen servieren.

Tipp

Wer es noch pikanter mag, lässt noch 1/2 klein geschnittene Chilischote in der Suppe mitkochen. Falls noch Suppenflüssigkeit übrig bleibt, ist das ein guter Fond für eine weitere Suppe.

Lila Rotkrautsuppe mit Huhn

Für 4 Portionen

2 Stangen Zitronengras
ca. 2 cm frischer Ingwer
4 Knoblauchzehen
800 g Rotkraut
4 EL Olivenöl
800 ml Hühnerbrühe (Rezept auf Seite 19)
2 EL Sojasoße
400 g Hähnchenbrust
frischer Koriander oder Petersilie
2–4 EL Naturjoghurt
Salz
Pfeffer aus der Mühle

Überraschungseffekt gefällig? Diese violette Suppe ist „der Knaller"! Mit ihrer wunderschönen, satten Farbe und dem aromatischen, wohligen Geschmack kann man Familie, Freunden und Kindern etwas Gutes tun.

■ Das Zitronengras von den äußeren Blättern befreien und waschen. Das untere, helle Drittel abschneiden und in grobe Scheiben schneiden. Mit einem Messerrücken oder im Mörser etwas flach klopfen, damit sich das Aroma entfaltet.

■ Den Ingwer schälen und fein reiben, Knoblauch schälen und klein würfeln. Das Rotkraut von den äußeren Blättern befreien und in mundgerechte Streifen schneiden. Waschen und abtropfen lassen.

■ Das Olivenöl in einem Topf erhitzen. Zitronengras, Ingwer und Knoblauch bei mittlerer Hitze unter Rühren anbraten. Hühnerbrühe und Sojasoße dazugießen und etwa 10 Minuten bei schwacher Hitze zugedeckt kochen.

■ Das Rotkraut dazugeben und etwa 30 Minuten zugedeckt köcheln lassen. Acht Gabeln Rotkohl aus der Suppe nehmen und beiseitelegen. Die Rotkohlsuppe mit einem Stabmixer pürieren.

■ Die Hähnchenbrust waschen, trocken tupfen, in mundgerechte Stücke schneiden und etwa 10 Minuten in der Suppe garen lassen. Den Koriander waschen, trocken tupfen und klein schneiden.

■ Den Topf vom Herd ziehen, die Suppe etwas abkühlen lassen. Währenddessen die beiseitegelegten Rotkrautstücke auf einer Schaumkelle in der Suppe erhitzen. Danach Joghurt und Koriander unter die Suppe rühren, mit Salz und Pfeffer abschmecken. Die Rotkrautsuppe auf Teller verteilen, mit den Rotkohlstückchen und etwas Koriander garnieren.

Tipp

Gegarte Kastanien passen hervorragend in oder zu dieser Suppe. In Südtirol gibt man gerne noch ein wenig Butter auf die heißen Maroni.

„Nein, meine Suppe ess' ich nicht!"

Dieses berühmte Zitat stammt aus dem „Struwwelpeter". Die Geschichte in Versform erzählt von einem kleinen, anfangs molligen Jungen, dem „Suppenkaspar". Er weigert sich Tag für Tag, seine Suppe zu essen – bis er am fünften Tag vor Hunger stirbt. Der Autor Heinrich Hoffmann schrieb das Kinderbuch im Jahr 1845; es war ein Weihnachtsgeschenk für seinen dreijährigen Sohn.
Der „Struwwelpeter" wurde in rund 40 Sprachen übersetzt und ist bis heute weithin bekannt. Auch ich habe das Buch als Kind kennengelernt. Es hat mir Angst eingeflößt, und ich verspüre bis heute ein unangenehmes Gefühl, wenn ich an die grausamen Details denke.

Trotz des großen und nachhaltigen Erfolgs ist dieses Buch mittlerweile kein „Haus- und Erziehungsbuch" mehr – zum Glück! Wir wissen heute, dass Kinder Phasen durchleben, in denen sie bestimmte Nahrungsmittel entweder mögen oder ablehnen. Den Abneigungen mit Zwang zu begegnen, würde das Problem nur verstärken. Dauerhaft gültige Ablehnungen gibt es vor allem bei größeren Kindern oder Jugendlichen; bei den Kleineren verändert sich das meist von Zeit zu Zeit. Eine entsprechende pädagogische Erkenntnis lautet, dass gerade kleinere Kinder einen neuen Geschmack erst acht bis 15 Mal probiert haben müssen, um zu wissen, ob sie ihn mögen. Auch Geschmäcker müssen also erst erlernt werden. Wächst ein Kind in einem Elternhaus auf, wo regelmäßig Suppen auf den Tisch kommen, ist die Akzeptanz für diese Art von Mahlzeit deutlich größer. Das Kind speichert Suppen als vertraute Form von Nahrung ab und wird diese sehr wahrscheinlich auch für den Rest seines Lebens gerne essen. Welche Suppen und Zutaten genau gemocht werden, entwickelt sich dann individuell unterschiedlich. Aber auch hier gilt für Kinder oft die Lieblingssuppe der Eltern als eigener Favorit. Diese steht natürlich öfter auf dem Tisch und wird vom Erwachsenen authentisch bejubelt – und entsprechend auch vom Kind mehr und mehr geschätzt.

Schon im Mutterleib nimmt das Ungeborene die kulinarischen Vorlieben der Mutter durch die Nabelschnur in sich auf und beginnt, diese zu adaptieren. So früh wird das Essverhalten schon weitergegeben, ganz ohne eigenes Zutun! Mit diesem Wissen können sich Eltern beruhigt zurücklehnen und darauf vertrauen, dass bestimmte Abneigungen kommen – und wieder gehen.

Suppen für Kinder

Bei uns zu Hause ist das so: Unsere Tochter liebt Suppen, besonders die cremigen, pürierten Varianten. Unser Sohn dagegen verweigert momentan die meisten Suppen. Ich passe mich seiner Ablehnung an und koche derzeit weniger Suppen als sonst. Das macht mir nicht viel aus, weil ich weiß, dass dies nur eine vorübergehende Phase ist (siehe Seite 42). Wollen Kinder gar keine Suppen essen, wartet man eben ab. Je mehr die Eltern Druck ausüben und problematisieren, desto störrischer können Kinder werden.

Es gibt einige Tipps und Tricks, wie man Kindern eine Suppe schmackhaft machen kann. In unserer Familie hat es sich beispielsweise bewährt, das Lieblingsgemüse oder unbekanntere Gemüsesorten in Suppen auszuprobieren: So wird der hübsche Romanesco von Kindern meist lieber verspeist als der verwandte Blumenkohl. Auch neue Zubereitungsarten sind immer einen Versuch wert. Oft mögen Kinder Gemüse und Suppeneinlagen eher mit Biss als zu weich gekocht. Viele nehmen die Vitalstoffe auch gerne in pürierter, cremiger und „kindgerechter" Form zu sich. Da unser Sohn zurzeit viele Suppen ablehnt, koche ich vor allem solche Kinder-Suppen: Die sind beispielsweise schön bunt oder farbkräftig, was man gut mit Gemüse erreichen kann (siehe z. B. Seite 26 oder Seite 40). Auch ansprechend geformte Einlagen sind sehr beliebt: Suppenklößchen, Nocken, Backerbsen und Suppennudeln aller Art. Darauf hat die Industrie längst reagiert und produziert derartige „Kindersuppen" in großer Bandbreite „aus der Tüte".
Auch süßliche Bestandteile fördern die Akzeptanz, was Sie ebenfalls gut mit Gemüse (z. B. Möhren, Erbsen oder Mais) oder Obst (siehe Seite 48 oder Seite 49) bewirken können. In meiner Umfrage zu Suppenvorlieben bei 100 Teilnehmern im Sommer 2014 (siehe Seite 8) wurden folgende Lieblingssuppen genannt: An erster Stelle stehen Nudelsuppen, dann folgen verschiedene Cremesuppen, klare Gemüsesuppen und Kartoffelsuppen. Auch laut Aussagen der Eltern genügen oft schon die Lieblingsnudeln oder die geliebten Würstchen, um den Kindern eine Suppe schmackhaft zu machen. Ein weiterer Trick ist das Pürieren: So erkennt man das womöglich ungeliebte Gemüse gar nicht mehr als solches. Gerade für Gemüsemuffel sind Suppen eine wunderbare Möglichkeit, um ein Kind mit den nötigen Vitalstoffen zu versorgen!
„In unserer Küche ist ein Vulkan ausgebrochen!": Wenn Sie Ihrem Kind mit diesen Worten eine Tomatensuppe mit einem Berg Reis in der Mitte und auf der Suppe versprenkelten Reiskörnern servieren, wird es der „Vulkansuppe" kaum widerstehen können. Mit Namen lässt sich gut tricksen, wie man sich bei den Kinder-Tütensuppen abschauen kann: Nennen Sie die Gemüsesuppe doch einfach „Piratenkraftsuppe". Oder geben Sie entsprechend geformte Nudeln hinzu – und schon findet die „Sternchensuppe", „Buchstabensuppe", „Bärensuppe" oder „Dinosuppe" überraschend großen Anklang.

Kräuterspätzlesuppe mit Würstchen

Tipp

Ich liebe die Kräuterspätzle intensiv gewürzt und verwende auf diese Menge 8 EL Kräuter. Wenn Sie statt dem Wasser gekochten, fein pürierten Bärlauch oder Spinat dazugeben, bekommen die Spätzle eine schöne grüne Farbe. Mit Roter Bete kann man sie rot färben – ein Spaß für Kinder!

Für 4 Portionen

2 Eier
100 g Semmelbrösel
frische Kräuter (Petersilie, Dill, Oregano, Basilikum oder Kerbel)
2 TL getrockneter Majoran
ca. 12–16 cl Wasser
Salz
4 Wiener Würstchen
1 l Gemüse- oder Fleischbrühe (Rezepte auf Seite 17ff.)

Kinder lieben diese kleinen Spätzle, im Schwäbischen „Knöpfle", in Österreich „Nockerl" genannt. Da können Sie auch frische Kräuter nach Belieben „unterjubeln" – die Teller werden immer leer! Diese Variante verwendet Semmelbrösel statt Mehl, was den Kräuterspätzle zusätzlich Pfiff verleiht.

■ Die Eier mit den Semmelbröseln verrühren. Die frischen Kräuter waschen, trocken tupfen und sehr fein hacken. Mit dem Majoran unter die Eiermasse mischen.

■ Das Wasser dazugießen und mit einem Kochlöffel kräftig rühren, bis sich eine zähflüssige Masse bildet. Den Teig großzügig salzen und 10 Minuten ruhen lassen.

■ Einen Topf mit Salzwasser zum Kochen bringen. Den Teig durch ein Spätzle- oder Knöpflesieb in das kochende Wasser drücken oder mit der Hand schaben. Mithilfe eines Esslöffels kann der Teig auch einfach durch eine grobe Küchenreibe gestrichen werden. Dazu bei Bedarf etwas mehr Semmelbrösel oder Wasser zum Teig geben.

■ Das Wasser aufkochen lassen, bis die Spätzle an die Wasseroberfläche steigen. Durch ein Sieb abgießen und kurz mit fließend kaltem Wasser abschrecken.

■ Die Würstchen in mundgerechte Stücke schneiden und mit der Brühe erhitzen, aber nicht kochen. Die Spätzle auf Teller verteilen und mit der Suppe auffüllen.

Backerbsen

vegetarisch

Für 4 Portionen

1 Ei
50 g Weizenmehl
2 EL Milch
Salz
ca. 200 ml Fett zum Ausbacken

Suppe essen mit Spaß und Spannung: Kinder lieben Backerbsen. Sie spielen mit den unterschiedlich geformten Teigstücken oder beobachten, wie sie in der Suppe immer größer werden. Ich knabbere Backerbsen auch gerne mal zu einem Glas Wein.

■ Das Ei mit dem Mehl verrühren. Die Milch dazugießen und mit einem Kochlöffel kräftig zu einem dickflüssigen, glatten Teig verrühren. Großzügig salzen und den Teig etwa 10 Minuten ruhen lassen.

■ Das Fett in einem Topf erhitzen. Für eine Temperaturprobe einen Holzkochlöffel in das Fett halten: Steigen kleine Bläschen daran hoch, ist das Fett heiß genug.

■ Den Teig portionsweise langsam durch ein Spätzle- oder Knöpflesieb in das heiße Fett streichen. Die Backerbsen etwa 5 Minuten goldgelb frittieren. Mit einer Schaumkelle aus dem Fett heben und auf Küchenkrepp abtropfen lassen. Anschließend die nächste Portion ausbacken. Die Backerbsen erst kurz vor dem Servieren über die Suppe geben.

Tipp

Sie können den Teig auch einfach mithilfe eines Esslöffels durch eine grobe Küchenreibe oder durch ein trockenes, grobmaschiges Küchensieb streichen. In einem luftdichten Schraubglas bleiben die Backerbsen einige Wochen frisch und knackig.

vegan

Karottencremesuppe mit Rhabarber und Erdbeere

Für 4 Portionen

6 Karotten
2 Frühlingszwiebeln
2 Stangen Rhabarber
2 EL Rapsöl
2–4 TL Zucker oder
2 EL Rhabarbersirup
1 l Gemüsebrühe
(Rezept auf Seite 17)
1 großes Lorbeerblatt
Salz
4 TL TL Erdbeernektar oder -sirup

Die säuerliche Note dieser Suppe wird durch eine wunderbar fruchtige Erdbeersüße ausgeglichen, sodass auch Kinder sie gern essen. Bei uns am Tisch hat sich bei dieser Suppe der Spruch „Sauer macht lustig" bewahrheitet – ich wünsche Ihnen einen ähnlichen Effekt!

■ Die Karotten putzen, schälen oder mit einer Gemüsebürste waschen. Die Frühlingszwiebeln waschen, putzen und in feine Scheiben schneiden. Den Rhabarber dünn abschälen und klein schneiden.

■ Das Öl in einem Topf erhitzen. Karotten, Zwiebel und Rhabarber anbraten. Den Zucker dazugeben und das Gemüse unter Rühren kurz karamellisieren lassen, bevor der Zucker zu dunkel und damit bitter wird. Bei Verwendung von Rhabarbersirup diesen einfach unter das Gemüse rühren.

■ Die Gemüsebrühe dazugießen, Lorbeerblatt und Salz hinzufügen. Die Suppe mindestens 20 Minuten zugedeckt auf kleiner Flamme köcheln lassen.

■ Das Lorbeerblatt entnehmen, die Suppe pürieren und abschmecken. Auf Teller verteilen und den Erdbeernektar mit einem Löffel kreisförmig einrühren.

Tipp

Für mich ist 1 TL Sambal oelek (Chilipaste) die Krönung meiner Portion. Aber Achtung: Nur für Hartgesottene geeignet!

Paprikasuppe mit Mais und Koriander

vegetarisch

Für 4 Portionen

4 rote Gemüsepaprika
1 große Zwiebel
2–4 Knoblauchzehen
3–4 EL Olivenöl
1/2 Chilischote nach Geschmack
1,2 l Gemüsebrühe (Rezept auf Seite 17)
Salz
2 Stängel frischer Koriander oder edelsüßes Paprikapulver
8–12 EL Maiskörner (frisch und vorgekocht oder TK)

Im Backofen gegrillt, entwickeln rote Paprikaschoten ein erstaunlich süßes und fast schon exotisches Aroma – in dieser Suppe ein Hochgenuss. Auch Kinder essen sie sehr gerne, dann natürlich ohne Chili!

■ Den Backofengrill vorheizen. Die Paprikaschoten waschen, der Länge nach vierteln, von Stielen, Kernen und weißen Trennwänden befreien. Die Paprikastücke mit der Haut nach oben auf ein Backblech legen und im vorgeheizten Ofen etwa 10 bis 15 Minuten grillen, bis die Haut schwarze Blasen wirft. Aus dem Ofen nehmen und mit einem feuchten Geschirrtuch abdecken. Abkühlen lassen, die Haut abziehen und die Paprika in kleine Würfel schneiden.

■ Zwiebel und Knoblauchzehen schälen und klein hacken. Das Olivenöl in einem Topf erhitzen, Zwiebel und Knoblauch dazugeben und bei sanfter Hitze unter gelegentlichem Rühren etwa 8 Minuten anrösten, sodass sie süßlich schmecken.

■ Die Paprikawürfel dazugeben und kurz mitbraten, dabei öfter umrühren. Die Chilischote waschen, entkernen, klein schneiden und hinzufügen. Mit Gemüsebrühe aufgießen, salzen, den gewaschenen Korianderstängel dazugeben und die Suppe 15 Minuten zugedeckt sanft köcheln lassen.

■ Den Koriander entnehmen, die Suppe pürieren und abschmecken. Maiskörner zugeben, nochmals aufkochen und servieren.

Tipp

Eine herzhafte Einlage für diese Suppe sind, geräucherte Würstchen wie Debrecziner, die in dünnen Scheiben einfach in der Suppe erwärmt werden. Auch gebratene Polenta-Schnitten passen gut dazu, gewürzt mit edelsüßer Paprika oder Zimt.

vegetarisch

Kartoffelsuppe mit Safran

Für 4 Portionen

600 g Kartoffeln
1 große Zwiebel
3–4 EL Butter
1,2 l Rinder-, Hühner- oder Gemüsebrühe (Rezepte auf Seite 17ff.)
einige Safranfäden
nach Geschmack
Salz
Pfeffer aus der Mühle
frisch gemahlene Muskatnuss

Ein Suppenklassiker für die ganze Familie! Die Kartoffelsuppe zählt gerade bei Kindern zu den absoluten Favoriten. Zu einer edlen Speise wird sie mit Safran.

■ Die Kartoffeln schälen, kurz unter fließendem Wasser abspülen und in kleine Würfel schneiden. Die Zwiebel schälen und klein hacken.

■ Die Butter in einem Topf erhitzen. Die Zwiebel etwa 7 Minuten bei sanfter Hitze anrösten, dabei gelegentlich umrühren.

■ Die Kartoffelwürfel dazugeben und kurz rundum anbraten. Mit der Brühe aufgießen, die Safranfäden dazugeben und die Suppe etwa 20 Minuten köcheln lassen.

■ Mit Salz, Pfeffer und Muskatnuss abschmecken.

vegetarisch

Variante: Kartoffelcremesuppe mit Krautwickeln

Für 4 Portionen

Kartoffelsuppe (Rezept siehe oben)
100 ml Sahne

Für 4 Krautwickel
8 große Wirsing- oder Weißkohlblätter
200 g Linsen
1 Apfel
2 Knoblauchzehen
4 EL Haferflocken
2 Eier
2 cl Sojasoße
Salz
Pfeffer aus der Mühle
Salbei (frisch oder getrocknet und gerebelt)
3–4 EL Pflanzenöl oder Butterschmalz zum Braten
100–200 ml Wasser
edelsüßes Paprikapulver

Je nach Geschmack und Stimmung können Sie die Kartoffelsuppe (siehe oben) einfach mit Sahne verfeinern und zu einer Cremesuppe pürieren. Dazu koche ich gerne Krautwickel – am liebsten mit einer würzigen Füllung aus Linsen, Apfel und Haferflocken.

■ Die Sahne zur Kartoffelsuppe dazugießen und die Suppe pürieren. Kurz erhitzen und servieren.

■ Für die Krautwickel die Krautblätter waschen und die mittleren, dicken Blattrippen mit einem Messer keilförmig herausschneiden. Die Blätter in kochendem Salzwasser etwa 2 Minuten blanchieren, mit kaltem Wasser abschrecken und abtropfen lassen.

■ Die Linsen nach Packungsangabe bissfest garen. Den Apfel schälen, von Stiel und Kerngehäuse befreien und in sehr kleine Würfel schneiden.

■ Knoblauch schälen und fein schneiden. Mit den gekochten Linsen, den Haferflocken und den Apfelstücken in eine Schüssel geben. Die Eier hinzufügen, mit Sojasoße, Salz, Pfeffer und Salbei würzen und alles gut durchmischen.

■ Ein Krautblatt jeweils mit 2 bis 3 EL Linsenmasse füllen, alle Seiten des Blatts nacheinander straff zu einem Paket hoch- und einklappen. Mit einem zweiten Krautblatt umwickeln und den Wickel mit Zahnstochern oder Küchengarn befestigen. Bei den restlichen Krautwickeln ebenso verfahren.

■ Das Öl in einer Pfanne erhitzen und die Krautwickel von beiden Seiten braun anbraten. Mit Wasser aufgießen und zugedeckt etwa 15 Minuten bei geringer Hitze köcheln lassen, bis die Krautblätter weich sind. Dabei nach Bedarf weiteres Wasser dazugießen.

■ Die Krautwickel mit einer Schaumkelle herausheben und mit etwas Paprikapulver bestäuben. Nach Wunsch die Krautwickel mit einem scharfen Messer in kleinere Stücke schneiden und zur Suppe servieren.

Festtagseintopf

Für 4 Portionen

750 g Schweineschulter ohne Knochen
3 Zwiebeln
3 Knoblauchzehen
8 mittelgroße Kartoffeln
500 g Weißkohl
2 EL Öl
1,5 l Gemüse- oder Rinderbrühe (Rezepte auf Seite 17f.)
1 EL Kümmel (ganz)
3 Lorbeerblätter
10 Wacholderbeeren
Salz
Pfeffer aus der Mühle
1 kleines Stück Meerrettich

Als ich Kind war, traf sich meine ganze Familie an Heiligabend zum Mittagessen bei den Großeltern. Etwa zwanzig Verwandte aller Generationen saßen dort an einem großen Tisch zusammen. Ich spürte ein ganz besonderes Geborgenheitsgefühl – und das empfinde ich bis heute, wann immer ich diesen Eintopf esse.

■ Das Fleisch waschen und trocken tupfen. Die Schwarte mit einem scharfen Messer vom Fleisch trennen und weiterverwerten (siehe Tipp).

■ Die Zwiebeln schälen und in grobe Stücke schneiden, dabei von 2 Zwiebeln die Schalen beiseitelegen. Knoblauch schälen und halbieren. Kartoffeln schälen und waschen. Vom Weißkohl den Strunk abschneiden, die Blätter ablösen, waschen und in kleinere Stücke reißen (etwa 4 Stücke pro Blatt).

■ Das Öl in einem großen Topf erhitzen und das Fleisch rundherum bei starker Hitze anbraten. Aus dem Topf nehmen und beiseitelegen. Zwiebeln und Knoblauch in den Topf geben und einige Minuten bei mittlerer Hitze anbraten, dabei umrühren. Das Fleisch wieder dazugeben und mit der Brühe aufgießen. Weißkohl und Kartoffeln dazugeben, mit Kümmel, Lorbeer, Wacholder, Salz und Pfeffer würzen. Die Zwiebelschalen dazugeben und mitkochen; das verleiht der Brühe eine schöne dunkle Farbe.

■ Einmal aufkochen lassen und bei geringer Hitze zugedeckt etwa 90 Minuten in der heißen, aber nicht kochenden Brühe garen.

■ Den Meerrettich schälen und fein reiben. Das Fleisch aus dem Topf nehmen, portionieren und auf Suppenteller verteilen. Mit Kartoffeln, Kraut und Suppe auffüllen, dabei Wacholderbeeren und Zwiebelschalen entnehmen. Den Meerrettich in einer kleinen Schüssel zum Eintopf dazureichen.

Tipp

Die Schwarte auf der oberen Seite mehrfach einschneiden, unten mit Salz und Pfeffer würzen. Öl in einem großen Topf erhitzen und die Schwarte einige Minuten rundherum anbraten. Im vorgeheizten Ofen bei 220 °C backen, bis die Schwarte schön knusprig ist. In englischen Lokalen werden die krossen Stücke zum Aperitif serviert.

Allein daheim

Rote-Bete-Suppe mit Pofesen/Reichen Rittern

Für 2 Portionen

Für die Suppe
2 Rote Bete (ca. 500 g)
1 Zwiebel
1 Knoblauchzehe
2 EL Olivenöl
Salz
Zimtpulver
Cayennepfeffer
5–6 Koriandersamen
600 ml Gemüsebrühe (Rezept auf Seite 17)
2–4 EL frisch geriebener Meerrettich
frisch gemahlene Muskatnuss

Für die Pofesen
4 Scheiben Toastbrot
1 Ei
Salz
1 EL Milch
1 kleine Dose Thunfisch
1 EL Olivenöl
Pfeffer aus der Mühle
1 Knoblauchzehe nach Geschmack
1 Spritzer Zitronensaft
1/2 kleine Zwiebel oder 1/2 kleine Gemüsepaprika
2 EL Pflanzenöl oder Butterschmalz zum Braten

Rote Bete mochte ich als Kind gar nicht; das Gemüse kam damals immer aus dem Glas und war mit ungeliebtem Kümmel und Essig gewürzt. Heute weiß ich, welche leckeren Gerichte man aus dem Wurzelgemüse zaubern kann – und verwöhne mich bei Gelegenheit gern selbst mit dieser Suppe.

■ Die Rote Bete schälen und in Würfel schneiden (dabei eventuell Einmalhandschuhe benutzen, um ein Abfärben zu vermeiden). Die Zwiebel und den Knoblauch schälen und klein schneiden.

■ Das Olivenöl in einem Topf erhitzen. Zwiebel und Knoblauch bei mittlerer Temperatur einige Minuten unter Rühren goldgelb anrösten. Die Rote Bete dazugeben und kurz mitbraten. Salz, Zimt, Cayennepfeffer und Koriandersamen dazugeben, umrühren und mit der Brühe aufgießen. Die Suppe zugedeckt 15 bis 20 Minuten bei niedriger Temperatur köcheln lassen.

■ Für die Pofesen vom Toastbrot an allen 4 Seiten die Rinde abschneiden. Das Ei verquirlen, salzen, die Milch dazugießen und gut verrühren.

■ Den Thunfisch mit dem Olivenöl in einer kleinen Schüssel mithilfe einer Gabel fein zerdrücken, salzen und pfeffern. Mit dem geschälten, durchgepressten Knoblauch und Zitronensaft verrühren. Die Zwiebel schälen und in sehr feine Scheiben schneiden. Die Paprika waschen und von der unteren Seite 6 bis 8 sehr feine Ringe abschneiden.

■ Die Thunfischpaste auf die Brotscheiben streichen, mit den Zwiebel- oder Paprikaringen belegen. Jeweils 2 Brotscheiben zusammenklappen, fest andrücken und von beiden Seiten in die Eier-Milch-Mischung tunken.

■ Das Pflanzenöl in einer Pfanne erhitzen und die Pofesen auf beiden Seiten goldbraun anbraten, dabei vorsichtig wenden. Auf Küchenkrepp abtropfen lassen und jeweils diagonal in 2 oder 4 Stücke teilen.

■ Die Koriandersamen mithilfe einer Schaumkelle oder einem Esslöffel aus der Suppe nehmen. Den Meerrettich schälen und fein reiben. Die Rote-Bete-Suppe mit Muskatnuss würzen, abschmecken und mit dem geriebenen Meerrettich garnieren.

Tipps

Durch die Gewürze und den Meerrettich wird einem mit dieser Suppe richtig schön warm! Als Sattmacher passen die Pofesen, die Sie auch gut kalt dazu essen können (siehe Rezept unten).
Ich fülle die Pofesen auch gerne mal mit Resten vom Vortag, z. B. mit einer Sauce Bolognese und frischen Paprikaringen. Auch ein Pesto eignet sich, belegt mit Tomatenscheiben, dünnen Zwiebelringen und Käse.

Love

vegetarisch

Karottensuppe mit Zitrone und Datteln

Selleriesalz selbst machen

Für dieses feine und intensive Suppen- und Eintopfgewürz 50 g Knollensellerie schälen und ganz fein raspeln. Das gewaschene, trocken getupfte und klein gehackte Selleriegrün dazugeben und mit 150 g Salz vermischen. Auf ein Backblech verteilen und etwa drei Tage an einem luftigen, sonnigen Ort trocknen. Bei Bedarf im Backofen auf 150 °C erhitzen, um die Restfeuchte zu entziehen. Mit einem Pürierstab zerkleinern und luftdicht in ein Schraubdeckelglas abfüllen.

Für 4 Portionen

2–3 Karotten
1 Zwiebel
1 Knoblauchzehe
2 EL Olivenöl
500 ml Gemüsebrühe (Rezept auf Seite 17)
Salz oder Selleriesalz (siehe Tipp)
Schale von 1/4 unbehandelten Zitrone
Saft von 1/2 Zitrone
frisch geriebene Muskatnuss
frischer Koriander
2 EL griechischer Sahnejoghurt
6 Datteln

Das kräftige Aroma von Karotten, die saure Frische der Zitrone, die vollmundige Süße von Datteln und die exotische Würze des Korianders – hier werden gleich mehrere Gelüste auf die Schnelle bedient.

■ Die Karotten mit der Gemüsebürste waschen, putzen und grob reiben. Zwiebel und Knoblauch schälen und klein hacken.

■ Das Olivenöl in einem Topf erhitzen. Zwiebel und Knoblauch bei sanfter Hitze langsam etwa 8 Minuten anbräunen, sodass sie süßlich schmecken. Die Karotten dazugeben und unter Rühren kurz mitbraten.

■ Mit Gemüsebrühe aufgießen, salzen und zugedeckt bei sanfter Hitze 20 Minuten köcheln lassen.

■ Die Zitrone mit heißem Wasser abwaschen. Mit einem Sparschäler dünne, längliche Stücke abschälen und mit einem scharfen Küchenmesser noch schmaler schneiden. Die halbe Zitrone auspressen und den Saft zur Suppe dazugießen, mit Muskatnuss würzen. Die Suppe mit einem Stabmixer pürieren und abschmecken.

■ Koriander waschen, trocken tupfen, die Blätter abzupfen, fein schneiden und unter die Suppe rühren. Die Karottensuppe auf Teller verteilen und jeweils 1 EL Joghurt auf die Mitte geben. Mit Koriander und Zitronenstreifen garnieren, die Datteln dazureichen.

Champignon-Brot-Suppe mit Petersilie

Für 4 Portionen

100 g Champignons
1 Zwiebel
20 g Räucherspeck
2 EL Olivenöl
100 ml Milch
400 ml Gemüse- oder Fleischbrühe (Rezepte auf Seite 17ff.)
2 Scheiben Toastbrot
einige Stängel Petersilie
Salz
Pfeffer aus der Mühle

Diese Suppe wurde mir an einem grauen Tag in einem englischen Pub serviert. Gleich nach dem ersten Löffel empfand ich eine tiefe Zufriedenheit, die mich noch den ganzen restlichen Tag begleitete – das Rezept empfehle ich daher wärmstens!

■ Die Champignons mit einem Küchenmesser putzen, dabei die Stiele etwas einkürzen. Die Pilze in dünne Scheiben schneiden. Die Zwiebel schälen und klein würfeln. Den Speck in feine Stücke schneiden.

■ Das Olivenöl in einem Topf erhitzen, Zwiebel und Speck darin anrösten. Die Champignons dazugeben und bei mittlerer Hitze kurz anbraten, dabei öfter umrühren.

■ Milch und Brühe dazugießen und die Suppe etwa 15 Minuten zugedeckt sanft köcheln lassen.

■ Das Toastbrot in kleinere Stücke zupfen, dazugeben und einige Minuten mitköcheln. Die Petersilie waschen, trocken schütteln, fein hacken und in die Suppe geben. Mit einem Stabmixer nicht zu fein pürieren. Mit Salz und Pfeffer abschmecken.

Tipp

Sie können das Löwenzahnsüppchen noch mit Parmesan bestreuen und dazu ein kerniges Vollkornbrot mit Butter servieren.

Quinoa-Suppe mit Speck und Rettichsalat

Für 4 Portionen

100 g Quinoa
1 Zwiebel
150 g Räucherspeck
1 EL Tomatenmark
700 ml Gemüse- oder Fleischbrühe (Rezepte auf Seite 17ff.)
Salbei (frisch oder getrocknet und gerebelt)
Salz
Pfeffer aus der Mühle
Worcestershiresoße oder Sojasoße

Für den Rettichsalat
1 schwarzer Rettich
Saft von 1/2 Zitrone
etwas Zucker
Salz
2–3 EL Sahne
Pfeffer aus der Mühle

Quinoa ist ein Tausendsassa: In Südamerika zählen die kleinen, weißen Samen seit über 6000 Jahren zu den wichtigsten Grundnahrungsmitteln. Darin stecken hochwertiges Eiweiß und essenzielle Aminosäuren wie z. B. Lysin, das für eine fleischarme Kost besonders wichtig ist. Weitere Trümpfe sind: kein Gluten, viel Eisen, Magnesium und Kalzium, ungesättigte Fettsäuren und viele Ballaststoffe für eine gute Verdauung.

■ Quinoa in einem Sieb unter fließendem Wasser waschen und abtropfen lassen. Die Zwiebel schälen und klein würfeln. Den Speck klein schneiden.

■ Einen Topf erhitzen und den Speck ohne weitere Fettzugabe anbraten, die Zwiebel dazugeben und im Speckfett mitbraten. Quinoa untermischen, das Tomatenmark einrühren und mit der Brühe aufgießen. Frischen Salbei waschen, trocken tupfen und klein schneiden.

■ Die Suppe mit Salz, Pfeffer und Salbei würzen und zugedeckt auf kleinster Hitze etwa 20 Minuten köcheln lassen. Mit der Worcestershiresoße würzen und die Suppe abschmecken, mit Salbei garnieren.

■ Für den Rettichsalat den Rettich schälen und fein reiben. In einer Schüssel mit Zitronensaft, Zucker, Salz und Sahne marinieren. Gut durchmischen und mit Pfeffer würzen. Den Rettichsalat als Beilage dazu essen oder als Topping auf die Suppe geben.

Tipp

Dazu passt einfaches Vollkorn- oder Schwarzbrot mit Butter.

vegetarisch

Eisbergsuppe mit Minze

Tipp

Wer Minze nicht mag – auch Melisse oder Basilikum passen gut. Zusätzlich können Sie den erfrischenden Geschmack der Suppe mit einem Klecks aus Crème fraîche und Zitronensaft krönen.

Für 2 Portionen

1 kleine Zwiebel
1 Knoblauchzehe
1 große Kartoffel
1 EL Butter
400 ml Gemüsebrühe (Rezept auf Seite 17)
Salz
70 g Eisbergsalat
40 g Erbsen (frisch oder TK)
5 Minzeblätter
1–2 EL Sahne

Ein echter Gaumenschmeichler: Gekochten Eisbergsalat habe ich in England kennen und auch schätzen gelernt. Das Gemüse schmeckt dann fein nussig – und bekommt eine wunderbar samtige Struktur.

■ Zwiebel und Knoblauch schälen und fein schneiden. Die Kartoffel schälen, kurz abspülen und klein würfeln.

■ Die Butter in einem Topf erhitzen, Zwiebel und Knoblauch langsam darin glasig werden lassen.

■ Die Kartoffelwürfel dazugeben und mit Gemüsebrühe aufgießen. Salzen und etwa 15 Minuten zugedeckt sanft köcheln lassen.

■ Den Eisbergsalat waschen, trocken schleudern und in feine Streifen schneiden. Mit den Erbsen zur Suppe geben und kurz aufkochen lassen. Die Minzeblätter waschen, trocken tupfen, fein schneiden und unterrühren.

■ Die Sahne dazugießen und die Suppe mit einem Stabmixer pürieren, bis die gewünschte Konsistenz erreicht ist. Abschmecken und servieren.

Spargelsuppe mit Kohlrabinudeln

vegan

Für 2 Portionen

500 g grüner oder weißer Spargel
1/2 Kohlrabi
8 EL Amarant
2 Frühlingszwiebeln
2 EL Olivenöl
500 ml Gemüsebrühe (Rezept auf Seite 17)
1 Lorbeerblatt
Salz
Pfeffer aus der Mühle
2 Scheiben Pumpernickel
1–2 EL weiche Butter oder vegane Margarine
1–2 Stängel frischer Kerbel oder Dill
1/2 TL abgeriebene unbehandelte Zitronenschale
grobes Salz

Diese wunderbare Suppe passt immer dann, wenn Sie sich selbst etwas Suppenglück gönnen wollen. Sie dient aber auch für festliche Anlässe als liebevoll zubereitete Vorspeise.

■ Die Spargelstangen waschen und den untersten holzigen Teil abschneiden, den weißen Spargel schälen. Die Stangen in mundgerechte Stücke schneiden, dabei die Spargelköpfe etwas länger belassen (ca. 3 cm).

■ Den Kohlrabi waschen, schälen und mit einem Sparschäler in schmale, nudelähnliche Streifen schneiden.

■ Den Amarant in einem Sieb unter fließendem Wasser waschen, abtropfen lassen. Die Frühlingszwiebeln putzen, waschen und klein schneiden.

■ Das Olivenöl in einem Topf erhitzen und die Frühlingszwiebeln darin anschwitzen. Mit der Brühe aufgießen, das Lorbeerblatt dazugeben, salzen und pfeffern. Den Amarant hinzufügen und etwa 10 Minuten zugedeckt sanft köcheln lassen.

■ Die Spargelstücke dazugeben und die Suppe so lange kochen, bis der Spargel die gewünschte Bissfestigkeit aufweist (siehe Tipps). Die Kohlrabinudeln dazugeben und erhitzen, aber nicht mehr kochen lassen. Das Lorbeerblatt entnehmen und die Suppe abschmecken.

■ Den Pumpernickel mit einem scharfen Messer in kleine Quadrate schneiden. Die Butter mit einer Gabel weich rühren. Die gewaschenen, klein gezupften Kerbelblätter untermischen und das Brot damit bestreichen. Etwas Zitronenabrieb darauf verteilen und mit groben Salzkörnern würzen.

Tipp

Grüner Spargel schmeckt sehr aromatisch, muss nicht geschält werden und gart im Vergleich mit weißem Spargel schneller (5 bis 10 statt 15 bis 20 Minuten). Mithilfe eines Spiralschneiders kann man aus dem Kohlrabi sogar Spaghetti formen – was nicht nur Kindern gut gefällt.

Spontane Lieblingssuppen für kreative Köche

Im Alltag „bastle" ich gerne Suppen. Ich schaue in den Kühlschrank und in meine Vorratsregale und würfle zusammen, was gerade da ist und auf was ich Lust habe. Nacheinander kommt alles zusammen in einen Topf, köchelt kürzer oder länger vor sich hin, wird püriert oder stückig belassen und zuletzt mit einem „Sahnehäubchen", einem appetitlichen Topping oder frischen Kräutern verfeinert. So ergibt sich während des Kochens eine herrliche Mahlzeit mit dem besonderen Wohlfühlfaktor, der wohl jeder Suppe innewohnt (siehe Seite 34).

Im Sommer 2014 habe ich 100 Teilnehmer schriftlich zum Thema Suppen befragt. Ich wollte mehr darüber erfahren, wie Suppen heute im Alltag zubereitet werden, welche die beliebtesten sind und was an dieser Mahlzeit besonders geschätzt wird. Ein Ergebnis war, dass sich die Suppenköche bei der Rezeptwahl im Alltag auf ähnliche Weise inspirieren lassen wie ich. An erster Stelle orientieren sich die Befragten am vorhandenen Gemüse, dann kommen weitere Zutaten hinzu. Suppen sind also wie geschaffen dafür, um spontan viele verschiedene Bestandteile in einem Topf unterzubringen – eine Eigenschaft, die das heutige Bedürfnis nach Flexibilität erfüllt und den Zeitgeist damit genau trifft.
Natürlich entscheiden auch die persönlichen Vorlieben darüber, was genau im Suppentopf landet. Beispiele mit den verschiedensten Zutaten finden Sie in diesem Buch. Aber auch Reste lassen sich wunderbar in Suppen verwerten, was mir persönlich sehr wichtig ist. Jeder Bundesbürger wirft laut einer Studie der Universität Stuttgart pro Jahr durchschnittlich 82 kg Lebensmittel weg, das entspricht insgesamt fast sieben Millionen Tonnen. Gemüse und Obst machen beinahe die Hälfte des Abfalls aus. Dabei sind schrumpelige Möhren, Äpfel mit Druckstellen oder ähnliches schnell geputzt und noch bestens dazu geeignet, um eine einwandfreie Suppe, einen Eintopf oder ein Kompott herzustellen.

Die Freiheit bei der Auswahl von Zutaten bietet uns ein großes Spielfeld. „Suppe" wird allgemein definiert als flüssige bis breiige, warme oder kalte Speise, bestehend aus Gemüse, Obst, Fleisch, Fisch, Käse, Getreide oder Pseudogetreide und Flüssigkeiten wie Brühe, Wasser, Milch, Sahne oder Wein. Bei diesem vielfältigen Reichtum schlägt das Herz eines jeden Kochs höher – alles ist möglich, alles ist erlaubt! Mit etwas Kreativität und Spielfreude lässt sich so manches überraschende Ergebnis zaubern. Der große Spielraum bedeutet auch gleichzeitig, dass man bei Suppen fast nichts falsch machen kann. Selbst wenn Sie die Suppe mal versalzen: klein geschnittene Kartoffeln absorbieren das Missgeschick. Damit ist nicht nur das Rezept gerettet, sondern um eine weitere Komponente bereichert. Ist die Suppe zu dickflüssig geraten, verdünnt man sie mit etwas Wasser, Sahne oder Brühe. Ist sie dagegen zu dünn, wird mit etwas Mehl gebunden oder mit Eigelb legiert (siehe Seite 115) oder mit Kartoffeln, Quinoa (Seite 60), Maisgrieß (Seite 89), Gerste (Seite 69) oder Amarant (Seite 65) angereichert.

Also: Keine Angst vor spontaner Kreativität bei der Zubereitung von Suppen! Ob Sie Wasser statt Fleischbrühe verwenden, Speck und Zwiebeln mit anrösten oder nicht, die Suppe klar belassen oder den Stabmixer einsetzen, sodass es eine Cremesuppe wird. Es kommt auf den persönlichen Geschmack und spontane Gelüste an. Das lässt sich bei Suppen zu guter Letzt auch wunderbar durch frische Kräuter und Gewürze steuern. Ob regional oder exotisch, nach eigenen Vorlieben oder nach Großmutters Vorbild: Kräuter verwandeln jede Basis in eine individuelle Rezeptur und verbinden die einzelnen Bestandteile miteinander. Sie verleihen jeder Suppe das gewünschte Aroma – und Charakter.

vegan

Gemüsecremesuppe mit Pesto

Für 2 Portionen

ca. 500 g gemischtes Gemüse (z. B. Karotten, Brokkoli, Zucchini, Kartoffeln)
1 Zwiebel
1 Knoblauch
2 EL Olivenöl
600 ml Gemüsebrühe (Rezept auf Seite 17)
Majoran
Thymian
Salz
Pfeffer aus der Mühle

Verschiedene Gemüsereste, roh oder gekocht, und ein paar frische Kräuter – mehr muss man für diese köstliche und wohltuende Suppe nicht im Haus haben.

■ Frisches Gemüse waschen, putzen, bei Bedarf schälen und klein schneiden. Die Zwiebel und den Knoblauch schälen und fein schneiden. Das Olivenöl in einem Topf erhitzen, Zwiebel und Knoblauch anrösten. Gemüse dazugeben und unter gelegentlichem Rühren mitbraten.

■ Die Gemüsebrühe dazugießen, mit Majoran, Thymian, Salz und Pfeffer würzen. Die Suppe zugedeckt ca. 15 Minuten bei sanfter Hitze köcheln, bei vorgekochtem Gemüse verkürzt sich die Kochzeit auf wenige Minuten. Die Suppe mit einem Stabmixer fein pürieren.

■ Für das Pesto die Knoblauchzehe schälen, klein hacken und in einen Mörser geben. Die Kräuter waschen, trocken tupfen oder schleudern und von den Stielen zupfen. Mit einem Messer klein schneiden. Zusammen mit Sonnenblumenkernen und Olivenöl in den Mörser geben, alles zu einer Paste zerkleinern. Das Pesto mit Salz abschmecken und auf die Suppe geben.

Für das Pesto

1 Knoblauchzehe
ca. 1/2 Bund frische, gemischte Kräuter (z. B. Basilikum, Petersilie, Dill, Oregano, Minze)
1 EL Sonnenblumen- oder Pinienkerne
1–2 EL Olivenöl
Salz

Tipp

Auch auf eine klare Suppe mit stückigem Gemüse (z. B. Minestrone) passt ein Pesto gut – am besten mit Parmesan bestreut.

Misosuppe mit Linsen und Gerstengraupen

vegan

Für 2 Portionen

25 g Gerstengraupen
25 g grüne oder gelbe Spalterbsen
750 ml Gemüsebrühe (Rezept auf Seite 17)
1/2 Gemüsepaprika
1 Knoblauchzehe
25 g rote Linsen
2 EL Erbsen (frisch oder TK)
etwa 1 EL Misopaste
Salz bei Bedarf
1–2 EL frisch gehackte Petersilie

„Willst Du meine Misosuppe kochen?" – so lautete in früheren Zeiten ein Heiratsantrag auf Japanisch. Dort wird Miso am liebsten täglich verspeist, oft sogar schon zum Frühstück (siehe Seite 138). Miso ist eine gesunde Gewürzpaste aus Sojabohnen, Reis oder Gerste. Je nach Variante schmeckt sie mild-süßlich, kräftig-würzig oder pikant. Meist ist Miso recht salzig, sodass im Rezept kein weiteres Salz gebraucht wird.

■ Gerstengraupen und Spalterbsen unter fließendem Wasser waschen. Etwa 20 Minuten zugedeckt in der angegebenen Menge Gemüsebrühe kochen.

■ Die Paprikahälfte waschen, von Kernen und weißen Trennwänden befreien und in feine Stückchen schneiden. Den Knoblauch schälen und fein hacken.

■ Paprika, Knoblauch und Linsen zu der Graupenmischung geben und etwa 10 Minuten zugedeckt mitkochen.

■ Etwa 5 Minuten vor Ende der Garzeit die Erbsen hinzufügen und weich garen. Den Topf vom Herd nehmen.

■ Nach und nach die Misopaste einrühren, bis die gewünschte Intensität erreicht ist, bei Bedarf noch etwas salzen. Die Suppe mit Petersilie bestreut servieren.

Tipp

Spalterbsen sind getrocknete, halbierte Erbsen, die nicht eingeweicht werden müssen und schneller garen als ganze Trockenerbsen. Für Suppen und Erbsenpüree sind sie besonders gut geeignet, weil sie schön sämig werden.

Schnelle Hühnersuppe mit Gemüse

Für 2 Portionen

200–300 g Hühnerbrust oder -keule
1 große Karotte
1 Stange Staudensellerie
2–3 EL Bratensaft aus dem Bräter (falls vorhanden, siehe Tipp) oder 2 EL Olivenöl
500 ml Gemüse- oder Hühnerbrühe (Rezepte auf Seite 17ff.)
Salz
Pfeffer aus der Mühle
Schnittlauchröllchen

Kürzlich kam ich gefrustet nach Hause, und es war niemand da, der meinen Ärger auffangen konnte. Dann habe ich mir diese Hühnersuppe gekocht, zusammen mit einem Hühnerleber-Baguette (siehe rechts). Während des Essens verflog der Verdruss, und tiefe Zufriedenheit machte sich breit.

■ Das Fleisch waschen, trocken tupfen und bei Bedarf von der Keule lösen. In mundgerechte Stücke reißen oder schneiden.

■ Die Karotte waschen oder schälen, putzen und in dünne Scheiben schneiden. Den Sellerie waschen, putzen, schälen und ebenfalls in Scheiben schneiden.

■ Einen Topf mit Bratensaft oder Olivenöl erhitzen. Karotte und Sellerie unter Rühren einige Minuten anbraten. Mit der Brühe aufgießen, salzen, pfeffern und das Hühnerfleisch dazugeben. Die Suppe zugedeckt bei niedriger Temperatur etwa 10 bis 15 Minuten sanft köcheln lassen, bis das Gemüse weich ist. Abschmecken und mit Schnittlauchröllchen garnieren.

Tipp

Wenn Sie gerade ein ganzes Huhn auf Vorrat im Backofen zubereitet haben, nutzen Sie den übrigen Bratensaft für eine Hühnersuppe. Falls von dem Bratengemüse auch noch etwas da ist: ein mit Pesto bestrichenes Brötchen damit belegen und zur Suppe dazu essen.

Baguette mit Hühnerleber und Birnenchutney

Für 2 Sandwiches

1 Birne
1/2 Zwiebel
1 EL Olivenöl
2–3 EL Zucker
Nelkenpulver
Thymian
ca. 20 ml Wasser
2–3 EL Essig
Salz
Pfeffer aus der Mühle
100 g Hühnerleber
4 Scheiben Räucherspeck
Majoran
4 EL Naturjoghurt
1 EL Dijonsenf
2 Baguettebrötchen

Wenn ich ab und zu mal Fleisch esse, dann mit Lust und Leidenschaft. Dieses Sandwich mit Hühnerleber und Birnenchutney gehört zu meinen liebsten Fleischgenüssen – als Suppenbeilage oder als ganze Mahlzeit.

■ Für das Birnenchutney die Birne waschen, längs vierteln, von Stiel und Kerngehäuse befreien und klein würfeln. Zwiebel schälen und sehr fein hacken.

■ Olivenöl in einem kleinen Topf erhitzen und die Zwiebel anrösten. Die Birne und den Zucker dazugeben, gut verrühren. Mit Nelke und Thymian würzen und mit dem Wasser aufgießen.

■ Das Chutney zugedeckt bei niedriger Hitze garen lassen, nach 10 Minuten Kochzeit den Essig dazugießen. 20 Minuten weiterköcheln lassen, dabei immer wieder umrühren und bei Bedarf wenig Wasser nachgießen, sodass die Konsistenz sämig wird. Das Chutney mit Salz und Pfeffer würzen und abschmecken.

■ Die Hühnerleber waschen und trocken tupfen. Mit einem scharfen Messer in Scheiben schneiden. Den Speck in einer kleinen Pfanne bei niedriger Hitze ohne Fett auslassen und beiseitelegen. Die Hühnerleber von beiden Seiten im Speckfett anbraten, mit Majoran würzen und zuletzt salzen.

■ Joghurt mit Senf verrühren, die Brötchen aufschneiden und alle 4 Hälften mit der Joghurtsoße bestreichen. Die Leberscheiben auf 2 Brötchenhälften verteilen, mit einer dicken Schicht Birnenchutney bestreichen und die Speckscheiben darüberlegen. Die Sandwiches jeweils mit der zweiten Brötchenhälfte zuklappen. Nach Wunsch ein Brötchenende in eine Serviette einpacken, um Kleckereien zu vermeiden.

Tipp

Ich fülle die Pofesen auch gerne mal mit Resten vom Vortag, z. B. mit einer Sauce Bolognese und frischen Paprikaringen. Auch ein Pesto eignet sich, belegt mit Tomatenscheiben, dünnen Zwiebelringen und Käse.

vegan

Fenchelsuppe mit karamellisierten Orangen

Diese Suppe wurde schon einmal zum Geschenk für meine Freundin: Sie war noch bei der Arbeit im Geschäft und klagte am Telefon über unerfüllbaren Hunger. Ich hatte mir gerade diese Suppe gekocht, goss einen Teil davon in ein großes Schraubglas und brachte es ihr vorbei: Die Freude war riesig!

Für 2 Portionen

1 Süßkartoffel
2 Fenchelknollen
1 Zwiebel
2 EL Olivenöl oder Butter
500 ml Gemüsebrühe (Rezept auf Seite 17)
2 Orangen
1 EL Zucker
Salz
Pfeffer aus der Mühle

■ Die Süßkartoffel schälen, kurz mit Wasser abspülen und klein würfeln. Fenchel waschen, putzen, vom Strunk befreien und in Scheiben schneiden, 2 bis 3 dünne Scheiben für die Garnitur beiseitelegen.

■ Die Zwiebel schälen und fein würfeln. Das Olivenöl in einem Topf erhitzen und die Zwiebel anrösten. Süßkartoffel und Fenchel dazugeben und unter Rühren etwa 10 Minuten bei niedriger Hitze anbraten. Mit der Gemüsebrühe aufgießen und die Suppe 10 bis 15 Minuten zugedeckt köcheln lassen, bis das Gemüse weich ist.

■ Den Saft aus einer Orange auspressen. Die zweite Orange mit einem scharfen Messer mitsamt der weißen Innenhaut schälen und die Spalten ohne die Zwischenhäute aus der Frucht herausschneiden (filetieren).

■ Den Zucker in einer Pfanne unter Rühren goldgelb erhitzen. Die Orangenspalten darin unter Rühren bei wenig Hitze rasch karamellisieren.

■ 2 bis 3 EL Gemüse aus der Suppe entnehmen und beiseitelegen. Den Rest der Suppe mit einem Stabmixer fein pürieren. Die gekochten Gemüsestücke und den Orangensaft dazugeben, mit Salz und Pfeffer abschmecken.

■ Die Suppe nochmals kurz erhitzen und auf Tellern anrichten. Mit den rohen Fenchelscheiben und den karamellisierten Orangenspalten garnieren.

Tipp

Dazu passen die Blätterteigstangen (Seite 98) oder ein Taboulé (Seite 120).

Flädle- oder Frittatensuppe

vegetarisch

Für 2 Portionen

Ergibt 2 dünne Pfannkuchen

75 ml Milch
1 Ei
50 g Weizenmehl
Salz
Pflanzenöl, Butter oder Butterschmalz zum Ausbacken

1/2 l Rinder-, Hühner- oder Gemüsebrühe (Rezepte auf Seite 17ff.)
Schnittlauchröllchen

Endlich mal ein Abend allein: Schnell einen leckeren Pfannkuchen braten und eine Suppe damit zaubern. Zur Abwechslung esse ich mal auf der Couch, damit ich den Anfang des Films nicht verpasse.

■ Die Milch mit dem Ei verquirlen. Das Mehl dazugeben und salzen. Mit einem Schneebesen kräftig durchrühren und den Teig einige Zeit quellen lassen.

■ Etwas Pflanzenöl in einer Pfanne erhitzen und die Hälfte des Teigs mit einer Schöpfkelle hineingeben. Den Pfannkuchen auf beiden Seiten goldgelb ausbacken. Aus dem restlichen Teig den zweiten Pfannkuchen auf dieselbe Weise zubereiten.

■ Die Brühe in einem Topf erhitzen. Die Pfannkuchen jeweils zu einer festen Rolle eindrehen und mit einem scharfen Messer in möglichst feine Streifen schneiden. Die Pfannkuchenstreifen auf Teller verteilen und mit der heißen Brühe übergießen. Mit Schnittlauchröllchen garnieren.

Tipp

Für besonders feine Frittatenstücke die Pfannkuchenrolle vor dem Schneiden kurz einfrieren. Frittaten passen in allerlei klare Suppen, z. B. in Gemüsesuppen. Reste einfrieren und zum Auftauen einfach kurz in der heißen Suppe ziehen lassen.

vegetarisch

Rotweinsuppe

Für 2 Portionen

- 1/2 Zwiebel
- 2 EL Butter
- 200 ml Rotwein
- Zimtpulver
- 400 ml Gemüsebrühe (Rezept auf Seite 17)
- 50 ml Sahne
- 2 Eigelb
- Salz
- Pfeffer aus der Mühle

Nervennahrung und Seelentröster: Eine Rotweinsuppe am Abend erdet und beruhigt. Die geringe Menge an Rotwein ist gesundheitlich völlig unbedenklich und soll sogar vor Herzinfarkt schützen. Die Fischklößchen dazu sind ein Gedicht!

■ Die Zwiebel schälen und sehr fein hacken. Die Butter in einem Topf schmelzen und die Zwiebel anbräunen. Den Rotwein dazugießen und mit Zimt würzen.

■ Die Suppe ohne Deckel bei sanfter Hitze auf ein Drittel einkochen lassen (reduzieren), dabei gelegentlich umrühren.

■ Gemüsebrühe und Sahne dazugießen und die Suppe aufkochen lassen. In einer Schüssel das Eigelb mit dem Schneebesen schaumig schlagen, etwas Weinsuppe dazugießen und weiter schaumig schlagen. Den Topf von der heißen Platte ziehen und die Eimasse unter ständigem Rühren dazugießen (legieren). Die Suppe mit Salz und Pfeffer würzen und abschmecken.

Tipp

Auch Weißwein eignet sich gut für diese Suppe.

Fischklößchen

Für 2 Portionen

Ergibt ca. 15 kleine Klösse

200 g Fischfilets ohne Gräten
4 Anchovis in Öl
1 cm frischer Ingwer
1 Ei
5 TL Weizengrieß
frisches Selleriegrün, Petersilie oder Dill
Salz
Pfeffer aus der Mühle

■ Die Fischfilets unter fließendem Wasser waschen, trocken tupfen und klein schneiden. Die Anchovis abtropfen lassen und ebenfalls klein schneiden. Den Ingwer schälen und fein reiben.

■ Fisch, Anchovis, Ingwer und Ei in einem Mixer zu einer Paste zerkleinern. Den Grieß und die gewaschenen, klein gehackten Kräuter dazugeben, mit Salz und Pfeffer würzen und gut vermischen. 10 Minuten ruhen lassen.

■ Einen breiten Topf mit Salzwasser zum Kochen bringen und die Temperatur herunterschalten, sodass das Wasser nicht mehr kocht. Die Hände mit kaltem Wasser anfeuchten und kleine, runde Klöße formen. In das heiße Wasser legen und ca. 15 Minuten garen lassen. Die Klößchen in Suppe oder in Brühe geben oder dazu essen.

Tipp

Eine exotische Note erhalten die Fischknödel, wenn man sie mit Curry, Koriander und Sojasoße würzt.

Suppen für den großen Hunger

Rindfleischeintopf mit Steckrübenchips

Für 2 Portionen

1 Zwiebel
2 Knoblauchzehen
200 g Rindfleisch (Schulter oder Keule)
1 Aubergine
250 g Steckrübe
4 EL Olivenöl
1/2 TL Kurkumapulver
500 ml Wasser, Rinder- oder Gemüsebrühe (Rezepte auf Seite 17f.)
frischer Estragon
Salz

Nachdem mir meine beiden Cousins kürzlich einige Stunden im Garten beim Zurückschneiden von Bäumen geholfen hatten, kam dieser Eintopf auf den Tisch – nach der körperlichen Arbeit genau das Richtige!

■ Zwiebel und Knoblauch schälen und klein schneiden. Das Rindfleisch unter fließendem Wasser waschen, trocken tupfen, nach Geschmack vom Fett befreien und in Würfel schneiden. Die Aubergine waschen, vom Stielansatz befreien und klein würfeln. Die Steckrübe schälen, zwei Drittel in Würfel schneiden, den Rest mit einem Sparschäler in dünne Scheiben schneiden.

■ 3 EL Olivenöl in einem größeren Topf erhitzen, die Zwiebel und die Hälfte des Knoblauchs unter Rühren kurz anbraten. Das Fleisch und die Steckrübenwürfel dazugeben und bei starker Hitze unter Rühren rundum anbraten.

■ Die Aubergine dazugeben und bei mittlerer Hitze kurz mitbraten. Mit Kurkuma würzen und die Brühe dazugießen. Den gewaschenen, klein gehackten Estragon und den restlichen Knoblauch hinzufügen. Den Eintopf mindestens 40 Minuten zugedeckt sanft köcheln lassen, bis das Fleisch weich ist, dann abschmecken.

■ 1 EL Olivenöl in einer Pfanne erhitzen. Die feinen Scheiben von der Steckrübe bei milder Hitze langsam kross braten und auf Küchenkrepp abtropfen lassen. Den Eintopf in Tellern anrichten und mit den Steckrübenchips garnieren.

Tipp

Hähnchen- oder Putenbrustfilet anstelle von Rindfleisch benötigen nur etwa 10 Minuten Kochzeit. Steckrüben sind gesunde Sattmacher und passen mit ihrem leicht süßlichen und pikanten Aroma wunderbar in Eintöpfe.

Kastaniensuppe mit Portwein

vegetarisch

Für 2 Portionen

15 Kastanien
1/2 Zwiebel
1 Stange Staudensellerie oder 50 g Knollensellerie
1 Karotte
1 Birne oder Apfel
2 EL Butter
600 ml Wasser, Gemüse- oder Rinderbrühe (Rezepte auf Seite 17f.)
1 Lorbeerblatt
Zimtpulver
Pimentpulver
frisch geriebene Muskatnuss
Salz
Pfeffer aus der Mühle
100 ml Portwein
1 EL Weizenmehl
3 EL Portwein
50 ml Sahne

Bei Kastanien geht es mir so wie unseren Kindern: Im Herbst kann ich gar nicht genug davon bekommen. Eine feine Zubereitungsvariante ist diese nahrhafte Suppe.

■ Den Backofen auf 200 °C vorheizen. Die Kastanien auf der runden Seite mit einem kleinen Küchenmesser einritzen und 20 bis 30 Minuten backen. Aus dem Ofen nehmen und einige Minuten mit einem feuchten Tuch abdecken. Die äußere Schale und die darunterliegende Haut entfernen. Kastanien in kleine Stücke schneiden oder hacken.

■ Zwiebel schälen und klein würfeln, Sellerie waschen, putzen, schälen und klein schneiden. Karotte waschen, putzen und klein schneiden. Birne oder Apfel schälen, vierteln, von Stiel und Kerngehäuse befreien und klein würfeln.

■ Die Butter in einem Topf erhitzen und die Zwiebel etwa 8 Minuten bei sanfter Hitze anschwitzen. Karotte, Sellerie, Birne oder Apfel und Kastanien dazugeben und unter gelegentlichem Rühren mitbraten. Das Wasser dazugießen und mit Lorbeerblatt, Zimt, Piment, Muskatnuss, Salz und Pfeffer würzen. Die Suppe zugedeckt etwa 50 Minuten sanft köcheln lassen. Mit einem Stabmixer fein pürieren und die Suppe abschmecken.

■ Den Portwein (100 ml) in einem kleinen Topf erhitzen und bei geöffnetem Deckel auf die Hälfte reduzieren lassen. In einer kleinen Schüssel das Mehl und den kalten Portwein (3 EL) mit einem Schneebesen verquirlen. Zum reduzierten Portwein in den Topf dazugießen und einmal kurz aufkochen lassen, dabei mit dem Schneebesen kräftig rühren, dann abkühlen lassen. Die Sahne steif schlagen, zum Portwein geben und ein Mal umrühren. Die Suppe auf Teller verteilen und die Portweinsahne mit einem Esslöffel kreisförmig einrühren.

Pflaumen im Speckmantel

Pflaumen im Speckmantel unterstreichen die herzhafte Süße und verleihen der Suppe Biss. Dazu die entkernten Trockenfrüchte mit je 1/2 Scheibe Frühstücksspeck umwickeln und mit einem Zahnstocher befestigen. In heißem Öl knusprig anbraten oder bei 220 °C für etwa 10 Minuten im Backofen garen. Auch getrocknete Datteln oder Aprikosen eignen sich.

vegetarisch

Hirseklößchen mit Ziegen- oder Schafskäse

Für 2 Portionen

Ergibt ca. 10 kleine Klösse

100 g Hirse
1 Knoblauchzehe
100 g Ziegen- oder Schafskäse
1 Ei
Salz
Oregano

Klöße sind eine wunderbare Erfindung – und machen aus einer Suppe schnell eine vollwertige Mahlzeit. Durch den Ziegen- oder Schafskäse besitzt diese Variante einen pikant-würzigen Geschmack, der beispielsweise einer milden Gemüsesuppe den letzten Schliff verleiht.

■ Die Hirse in einem Sieb waschen und ca. 25 Minuten in Wasser zugedeckt sanft köcheln, sodass die Körner noch bissfest sind. Durch ein Sieb abgießen und gut abtropfen lassen.

■ Die Knoblauchzehe schälen, klein hacken und mit der Hirse in eine Schüssel geben. Den Ziegen- oder Schafskäse zwischen den Fingern klein bröseln und dazugeben. Das Ei hinzufügen, mit Salz und Oregano würzen und die Masse mit den Händen gut vermengen.

■ Aus dem Teig etwa 10 kleine, runde Klöße formen. In heißem, aber nicht kochendem Salzwasser ca. 10 Minuten ziehen lassen.

Tipp

Ist die Klößchenmasse beim Formen zu weich, noch etwas Mehl oder Semmelbrösel untermengen.

Grießnocken

vegetarisch

Für 2 Portionen

Ergibt 10–15 Nocken

40 g zimmerwarme Butter
1 Ei
100 g Weizengrieß
Salz
Majoran oder Muskatnuss (siehe Tipp)

Ich liebe Grießnocken in allen Variationen! Sie bereichern die verschiedensten Suppen als Einlage, man kann sie aber auch knusprig anbraten und als Beilage verspeisen. Mit Käse überbacken sind sie ebenfalls lecker – oder gesüßt in Fruchtsuppe und Kompott …

■ Die Butter mit dem Ei schaumig schlagen. Den Weizengrieß dazugeben, salzen und mit Majoran oder Muskatnuss würzen. Mit einem Kochlöffel gut verrühren und 10 Minuten ruhen lassen.

■ Zwei Tee- oder Esslöffel mit Wasser abspülen, sodass sie feucht sind. Kleine Teigportionen damit abstechen und Nocken formen. Die Nocken in erhitztes, aber nicht kochendes Salzwasser geben.

■ Bei sanfter Hitze 5 bis 10 Minuten ziehen lassen, bis die Nocken an die Wasseroberfläche steigen. Mit einem Schaumlöffel aus dem Wasser nehmen und nach Geschmack weiterverwenden.

Tipp

Klassisch werden Nocken mit Muskatnuss gewürzt. Ich mag sie lieber mit Majoran, wegen der Würze und der grünen Farbe.

Macht meine Suppe satt?

Die Kinder schreien „Hunger", gute Freunde kommen zum Essen oder die erwartungsvollen Schwiegereltern sitzen mit am Tisch. Oder man hat selbst großen Appetit: nach körperlicher Arbeit, Sport, einem Ausflug, wenn eine Mahlzeit ausgefallen ist. Dann stellt man sich als Suppenkoch womöglich die Frage: Macht denn „nur" Suppe auch wirklich alle satt? Jetzt ist bestimmt nicht die richtige Zeit für ein dünnes Süppchen, Kalorien müssen her!

Zum einen kommt es auf die Suppeneinlagen an, die Auswahl dafür ist riesengroß: Nudeln, Kartoffeln, Reis, Croûtons, Fleisch, Würstchen, Fisch, Getreide und Pseudogetreide, Knödel, Nocken, Nüsse, Tofu, Pfannkuchenstreifen – um nur die wichtigsten zu nennen. Zahlreiche Suppen sind erst durch ihre Einlagen zu Klassikern geworden, darunter Eintöpfe, Frittaten-, Leberknödel, Gulasch-, Nudel-, oder Rindersuppe.
Weiter geht's mit den Beilagen: Neben Brot oder Crostini, Sandwiches und allerlei Salaten sind das beispielsweise Gebäck aus Blätterteig oder Strudelteig, deftige Muffins, Kartoffelpuffer, Fleischspieße, vegetarische Bratlinge und vieles mehr. Sie finden in diesem Buch zahlreiche Ideen für Einlagen und Beilagen: Hier geht es um Suppen als vollwertige Mahlzeiten, die sowohl satt als auch zufrieden machen.

Viele tausend Jahre lang waren Suppen die wichtigste und einzige warme Mahlzeit am Tag (siehe Seite 34). Sie wurden gerne morgens verspeist und mussten oft den ganzen Tag über genügen. Als später im 18. Jahrhundert in französischen Adelskreisen mehrere Gänge als Menü aufgetischt wurden, degradierte die feine europäische Gesellschaft die Suppe zur Vorspeise. Bis heute ist das bei einem Festessen so üblich. Auch als „Armenspeise" hängt der Suppe der Ruf nach, sie sei kein „richtiges" Essen. Dabei liegen Suppen voll im Trend: Jeder Deutsche verzehrt jährlich über 100 Teller Suppe! Suppenbars, die ausschließlich Suppenmahlzeiten anbieten, entstehen in vielen Städten Europas und sind sehr gefragt.

Da man also in und zu Suppen beinahe alle Lebensmittel unterbringen kann, die das Herz begehrt, ist die Sorge um eine Sättigung wirklich unbegründet! Satt zu sein bedeutet heute auch mehr, als Kalorien und Kohlenhydrate zu sich zu nehmen. Es geht darum, rundum zufrieden zu sein und sich im Ganzen wohlzufühlen. Dieser Genuss beginnt schon vor der Mahlzeit, denn alle unsere Sinne essen mit. Ein farbenfroher, bunt gemischter Teller bereitet schon optisch ein großes Vergnügen. Der Duft einer dampfenden Suppe bringt Lust und Appetit in Gehirn und Körper, ähnlich wie es bei einem Aperitif sein soll. Während des Essens ist es die Wärme, die weiche und knackige Struktur der Speisen im Mund, auch die lebhaft unterschiedlichen Kaugeräusche je nach Zutat – und letztendlich natürlich der Geschmack: alles in allem eine große Sinnesfreude, die glücklich machen kann.

Eintopf mit Lamm und Roter Bete

Für 2 Portionen

2 Lammkoteletts oder 200 g Lammgulasch bzw. -fleisch (Keule ohne Knochen)
2 Rote Bete
1 Aubergine
1 Zwiebel
2 Knoblauchzehen
1/2 Chilischote nach Geschmack
2 EL Olivenöl
1 TL Kreuzkümmel
1/2 TL Zimt
500 ml Rinder- oder Gemüsebrühe (Rezepte auf Seite 17f.)
Salz
Schnittlauchröllchen

Dieser Eintopf wärmt und sättigt auf angenehme Weise. Für Zufriedenheit sorgt nicht zuletzt das intensive, lebendige Rot – es nährt Augen und Seele.

■ Das Lammfleisch unter fließendem Wasser abspülen und trocken tupfen. Bei Bedarf vom Knochen lösen und Fett nach Geschmack abschneiden. Das Fleisch in mundgerechte Stücke würfeln. Die Rote Bete schälen und in ca. 1 cm große Würfel schneiden (dabei eventuell Einmalhandschuhe benutzen, um ein Abfärben zu vermeiden). Die Aubergine waschen, vom Strunk befreien und der Länge nach in Scheiben schneiden, dann klein würfeln. Die Zwiebel und den Knoblauch schälen und klein hacken. Die Chilischote waschen, der Länge nach halbieren und entkernen.

■ Das Olivenöl in einem Topf erhitzen, Zwiebeln und Knoblauch kurz anbraten. Nach und nach Lammfleisch, Aubergine und Rote Bete dazugeben und bei starker Hitze anbraten, dabei öfter umrühren. Die Chilischote hinzufügen, mit Kreuzkümmel und Zimt würzen. Kurz durchmischen und gleich mit der Brühe aufgießen, salzen.

■ Den Eintopf 40 bis 60 Minuten zugedeckt sanft köcheln lassen, bis das Fleisch weich ist. Die Chilischote entnehmen, den Eintopf abschmecken und mit Schnittlauchröllchen bestreut anrichten.

Tipp

Für den ganz großen Hunger 15 Minuten vor Garende noch geschälte und klein gewürfelte Kartoffeln untermischen, dann bei Bedarf mehr Wasser dazugießen. Statt Lamm können Sie auch gut Rind- oder fettarmes Wildfleisch verwenden.

Gemüseeintopf mit Anchovis und Polenta

Für 2 Portionen

1 kleine Zwiebel
2 Knoblauchzehen
1 kleine Aubergine
1 kleine Zucchini
3 Tomaten
4 EL Olivenöl
etwa 700 ml Gemüsebrühe (Rezept auf Seite 17)
4 Anchovis in Öl
Salz
Pfeffer aus der Mühle
Currypulver
80 g Maisgrieß (Instant-Polenta, siehe Tipp)
Schnittlauchröllchen

Aubergine, Zucchini und Tomate bringen Vitamine auf den Teller, die Anchovis ein mediterranes Aroma. Mit der Polenta (Maisgrieß) zusammen macht der Eintopf schön satt und besitzt eine fein-cremige Bindung – die geschmeidige Konsistenz zergeht auf der Zunge!

■ Die Zwiebel und die Knoblauchzehen schälen und fein hacken. Aubergine und Zucchini waschen, von den Stielansätzen befreien und in mundgerechte, etwa gleich große Stücke schneiden. Die Tomaten waschen, vom Strunk befreien und klein würfeln.

■ Das Olivenöl in einem Topf erhitzen. Zwiebeln und Knoblauch kurz anschwitzen. Aubergine und Zucchini dazugeben und unter gelegentlichem Rühren mitbraten. Die Tomatenwürfel hinzufügen und mit der Gemüsebrühe aufgießen.

■ Die Anchovis klein schneiden und dazugeben, mit Salz, Pfeffer und Curry würzen. Den Maisgrieß in den Topf dazugeben und den Eintopf etwa 20 Minuten zugedeckt sanft köcheln lassen, bis das Gemüse weich ist. Dabei immer wieder umrühren, bei Bedarf mehr Gemüsebrühe dazugießen. Den Eintopf abschmecken und mit Schnittlauchröllchen garnieren.

Tipp

Es gibt auch schnell garenden Maisgrieß (Polenta), der sich für viele Gelegenheiten als sättigende Suppeneinlage eignet. Man kann ihn gegart auch in eine flache Form streichen, auskühlen lassen, in kleinere oder größere Stücke schneiden und dann als Suppeneinlage verwenden – oder in Pflanzenöl braten und dazu essen.

vegan

Curry mit Auberginen und Kichererbsen

Für 2 Portionen

400 g Kichererbsen, gekocht (140–180 g Trockengewicht) oder aus der Dose
1 Aubergine
1 kleine Zucchini
1 rote Gemüsepaprika
1 Zwiebel
2 Knoblauchzehen
1 Chilischote
4 EL Olivenöl
Currypulver
Kreuzkümmelpulver
Salz
400 ml Wasser oder Gemüsebrühe (Rezept auf Seite 17)
frischer Koriander oder Petersilie

Dieses Curry ist genau nach meinem Geschmack: viel Gemüse, sättigende Hülsenfrüchte – und eine starke, exotische Würze.

■ Getrocknete Kichererbsen über Nacht in ausreichend Wasser einweichen. Dann in frischem Wasser ohne Salz etwa 45 Minuten zugedeckt köcheln lassen.

■ Aubergine und Zucchini waschen, von den Stielansätzen befreien und und in Würfel schneiden. Die Paprika waschen, der Länge nach vierteln, von Stielansatz, Kernen und weißen Trennwänden befreien und in Stücke schneiden. Zwiebel und Knoblauch schälen und klein schneiden.

■ Die Chilischote waschen, halbieren, entkernen und in kleine Ringe schneiden. Das Olivenöl in einer Pfanne erhitzen, Zwiebel und Knoblauch darin anschwitzen. Paprika, Aubergine und Zucchini dazugeben und bei mittlerer Hitze unter gelegentlichem Rühren rundum anbraten.

■ Die Kichererbsen dazugeben. Mit Curry, Kreuzkümmel und Salz würzen. Die Chiliringe dazugeben und mit dem Wasser aufgießen, sodass alle Zutaten bedeckt sind.

■ Das Curry zugedeckt mindestens 20 Minuten köcheln lassen. Den Koriander waschen, trocken tupfen, von den Stängeln zupfen und klein schneiden. Kurz vor dem Servieren unter das Curry mischen und abschmecken.

Tipp

Dazu passt dunkles Roggenbrot. Wenn von dem Curry etwas übrig bleibt, püriere ich es kurz mit etwas Olivenöl. Die leicht stückige, pikante Paste kommt dann auf zwei Brötchenhälften und dazwischen dünne Zwiebelringe oder Käsescheiben – fertig ist ein leckeres Sandwich.

Bohnensuppe mit Salbei und Rucola

Auf Gemüsemärkten werden allerlei hübsche Trockenbohnen angeboten. In den appetitlich aussehenden Kernen stecken jede Menge Mineralstoffe, Eiweiß und Ballaststoffe: Die Hülsenfrüchte schenken viel Kraft und haben dabei nur wenig Kalorien.

Für 2 Portionen

100 g getrocknete Dicke Bohnen
1 Lauchstange
2 Knoblauchzehen
50 g Räucherspeck
1 Kartoffel
1 Tomate
400 ml Rinderbrühe (Rezept auf Seite 18)
10 kleine Salbeiblätter
Salz
einige Blätter Rucola oder Kapuzinerkresseblüten

■ Dicke Bohnen waschen und über Nacht in ausreichend Wasser einweichen. Danach 50 Minuten in Wasser weich kochen, abgießen und beiseitestellen.

■ Den Lauch putzen, in ca. 1 cm breite Ringe schneiden, waschen und abtropfen lassen.

■ Die Knoblauchzehen schälen und fein schneiden. Das Fett vom Speck abschneiden und getrennt voneinander in kleine Stücke würfeln.

■ Die Kartoffel schälen und klein würfeln. Die Tomate am Strunk kreuzweise einschneiden und in einer Schüssel mit kochend heißem Wasser übergießen, kurz stehen lassen. Abgießen, die Schale mit einem Messer abziehen, Tomate vom Strunk befreien und klein schneiden.

■ Das Speckfett langsam in einem Topf auslassen, Lauch und Knoblauch darin anschwitzen. Kartoffel, Tomate und restliche Speckwürfel dazugeben, kurz mitbraten und mit der Fleischbrühe aufgießen.

■ Die Bohnen und die gewaschenen, klein geschnittenen Salbeiblätter hinzufügen. Die Suppe zugedeckt etwa 20 Minuten sanft köcheln lassen, bis das Gemüse weich ist (siehe Tipp), dann abschmecken.

■ Zuletzt die Rucolablätter waschen, trocken schleudern, klein schneiden und die Suppe damit garnieren.

Tipp

Dicke Bohnen schmecken sehr viel besser selbst gekocht als aus der Dose. Nach dem Einweichen beträgt die Garzeit 60–90 Minuten, je nach Alter und Größe der Bohnen. Der zeitliche Aufwand lohnt sich – probieren Sie es aus!

Kartoffelsuppe mit Erdnuss und Roggencroûtons

vegan

Für 2 Portionen

2 Scheiben Roggenbrot
2 Stängel Petersilie
1 EL Olivenöl
6 mehligkochende Kartoffeln
600 ml Gemüsebrühe (Rezept auf Seite 17)
2–3 EL Erdnussbutter
Salz
Pfeffer aus der Mühle

Diese wärmende, sättigende Suppe ist schnell zubereitet und lässt sich auch gut mitnehmen, beispielsweise im Weckglas oder in einer Thermoskanne. Die Erdnussbutter verleiht der Suppe besonderen Pfiff.

■ Für die Roggencroûtons das Brot in kleine Würfel schneiden. Petersilie waschen, trocken tupfen, vom Stängel zupfen und klein hacken. Das Öl in einer Pfanne erhitzen, die Brotwürfel darin anrösten, bis sie knusprig sind. Die Petersilie untermischen und kurz mitbraten.

■ Die Kartoffeln schälen, kurz abspülen, in Stücke schneiden und 15 Minuten in der Gemüsebrühe weich kochen. Die Kartoffeln in der Brühe mit einem Kartoffelstampfer zerdrücken, bei Bedarf noch etwas Wasser dazugießen. Mit einem Schneebesen glatt rühren.

■ Die Erdnussbutter mit einem Kochlöffel in die Suppe rühren, gut durchmischen und die Suppe kurz erhitzen, nicht kochen. Mit Salz und Pfeffer abschmecken, mit den Roggencroûtons bestreuen und servieren.

Tipp

Diese Suppe kann auch gut mit Kokosmilch und Chili oder Süßkartoffeln zubereitet werden.

Leberknödelsuppe

Tipp

Sie können die Leber ebenso gut fein hacken oder mit der Küchenmaschine bzw. mit dem Stabmixer zerkleinern.

Für 2 Portionen

100 g Kalbsleber
1–2 altbackene Brötchen
Milch nach Bedarf
1 Zwiebel
frische Petersilie
1 EL Olivenöl zum Braten
1 Ei
1 EL Semmelbrösel
2 Knoblauchzehen
Salz
Pfeffer aus der Mühle
Majoran
Semmelbrösel zum Panieren
800 ml Rinderbrühe (Rezept auf Seite 18)
Schnittlauchröllchen

„Knödel, Knödel, Knödel!", rief meine Nichte begeistert beim Anblick dieser Suppe. Wenn man richtig hungrig ist, sind Knödel einfach wunderbar – ob mit Soße oder in einer Suppe.

■ Die Leber unter fließendem Wasser abspülen, trocken tupfen und durch den Fleischwolf drehen (siehe Tipp).

■ Die Brötchen in Scheiben schneiden und in warmer Milch einweichen. Die Zwiebel schälen und fein hacken. Petersilie waschen, trocken tupfen und fein hacken.

■ Das Öl in einem Topf erhitzen. Die Zwiebel unter Rühren goldgelb anrösten und beiseitestellen.

■ Die Brötchen mit den Händen gut ausdrücken und in eine Schüssel geben. Ei, Semmelbrösel, zerkleinerte Leber, Zwiebel, den geschälten und durchgedrückten Knoblauch, Salz, Pfeffer, Majoran und Petersilie dazugeben und alles gut durchmischen.

■ Die Hände mit etwas Wasser anfeuchten, kleine Knödel formen und in einem Teller mit Semmelbröseln panieren.

■ Eine Pfanne mit Olivenöl erhitzen und die Knödel rundum dunkelbraun anbraten. Vor dem Servieren etwa 10 Minuten in der heißen Rinderbrühe ziehen lassen. Mit Schnittlauch garnieren.

Kaspressknödel

vegetarisch

Tipp

Die klassische Käsesorte für die Knödel ist Pinzgauer Käse. Alternativ passt auch eine Mischung aus Harzer Käse oder Graukäse, zusammen mit Butterkäse oder Bergkäse. Sie können aber auch einfach verschiedene Käsereste nutzen. Dazu passt ein Tomatensalat.

Für 2 Portionen

Ergibt ca. 6 Knödel

200 g würziger Hart- oder Sauermilchkäse (siehe Tipp)
50 g altbackene Brötchen
3 kleine, am Vortag gekochte Kartoffeln
1 kleine Zwiebel
4 Stängel Petersilie
1 EL Butter
2 Eier
Salz
Pfeffer aus der Mühle
frisch gemahlene Muskatnuss
ca. 50 ml Milch oder Wasser bei Bedarf
2 EL Butterschmalz
600 ml Gemüse- oder Rinderbrühe Rezept auf Seite 17f.)
Schnittlauchröllchen

Diese Käseknödel sind ein beliebtes Essen für hungrige Wintersportler in österreichischen Skihütten. „Knödel zu Wasser und zu Land" bedeutet, dass man den ersten Knödel in der Suppe isst und den zweiten mit Sauerkraut oder Salat. In diesem Rezept von Freunden aus dem Pinzgau steckt jede Menge Käse: je würziger, desto besser.

■ Den Käse in kleine Würfel schneiden und mit den klein geschnittenen Brötchen in eine Schüssel geben. Die gekochten Kartoffeln schälen und grob reiben. Die Zwiebel schälen und fein hacken. Die Petersilie waschen, trocken schleudern und fein hacken.

■ Die Butter in einer Pfanne erhitzen und die Zwiebel darin glasig werden lassen. Mit den Kartoffeln und den Eiern zum Käse in die Schüssel geben. Großzügig mit Salz, Pfeffer, Petersilie und Muskatnuss würzen. Mit einem Kochlöffel kräftig zu einem festen Teig durchmischen und ca. 15 Minuten ruhen lassen.

■ Bei Bedarf noch etwas Milch oder Wasser dazugießen. Die Hände mit Wasser anfeuchten, kleine Knödel formen und etwas flach drücken. Butterschmalz in einer Pfanne erhitzen und die Kaspressknödel auf jeder Seite etwa 8 Minuten braun anbraten. Vor dem Servieren 10 Minuten in der Brühe erwärmen. Mit Schnittlauchröllchen garnieren.

Brokkolicremesuppe mit Krautstrudel

Für 2 Portionen

Für den Krautstrudel
50 g Frühstücksspeck
100 g Weißkohl
1 EL Majoran
1 TL Kümmelpulver
100 ml Weißwein
Salz
Pfeffer aus der Mühle
ca. 125 g fertiger Strudelteig
1 EL Butter oder 1 Ei

Für die Suppe
1 Zwiebel
2 Knoblauchzehen
2 Stangen Staudensellerie
150 g Brokkoliröschen
1 kleine Kartoffel
1 cm frischer Ingwer
2 EL Butter
500 ml Gemüsebrühe (Rezept auf Seite 17)
Dill
Salz
Pfeffer aus der Mühle
1–2 EL Crème fraîche
frische Petersilie

So eine Gemüsecremesuppe zählt im Alltag zu meinen Lieblingsgerichten; sie schmeckt fein und ist schnell zubereitet. Bei großem Appetit gibt es Krautstrudel dazu.

■ Für den Krautstrudel den Frühstücksspeck klein schneiden. Den Weißkohl vom harten Strunk befreien, die Blätter ablösen, waschen und trocken schleudern. Die dicken Rippen flach schneiden und die Kohlblätter in feine Streifen schneiden.

■ Eine Pfanne erhitzen und den Speck bei wenig Hitze ohne weitere Fettzugabe anbraten. Den Weißkohl dazugeben und mitbraten, dabei gelegentlich umrühren. Mit Majoran und Kümmel würzen und den Weißwein dazugießen. Zugedeckt etwa 15 Minuten bei sanfter Hitze köcheln lassen, mit Salz und Pfeffer würzen und abschmecken. Den Backofen auf 180 °C vorheizen.

■ Den Strudelteig auf einem mit Backpapier ausgelegten Backblech ausrollen. Den Weißkohl auf dem unteren Drittel des rechteckigen Teigstücks verteilen, die Ränder frei lassen. Den Strudelteig fest einrollen, die beiden offenen Enden verschließen und gut zusammendrücken. Den Strudel mit verflüssigter Butter oder verquirltem Ei bestreichen und etwa 20 Minuten goldgelb backen. In Scheiben schneiden und heiß servieren.

■ Für die Suppe die Zwiebel und den Knoblauch schälen und klein hacken. Die Selleriestangen waschen, putzen, schälen und in kleine Scheiben schneiden. Die Brokkoliröschen vom Strunk abschneiden, waschen und abtropfen lassen. Die Kartoffel schälen, kurz abspülen und klein würfeln. Den Ingwer schälen und fein reiben.

■ Die Butter in einem Topf erhitzen, Zwiebel und Knoblauch langsam bei niedriger Temperatur 5 bis 10 Minuten unter Rühren anbräunen lassen. Sellerie und Kartoffel dazugeben und mitbraten.

■ Den Ingwer hinzufügen und gut verrühren, mit der Gemüsebrühe aufgießen. Brokkoli dazugeben und mit Dill, Salz und Pfeffer würzen. Die Suppe etwa 20 Minuten zugedeckt sanft köcheln lassen. Die Crème fraîche dazugeben und die Suppe pürieren, bei Bedarf nochmals kurz erhitzen. Mit der gewaschenen, trocken getupften und klein gehackten Petersilie garnieren. Den Krautstrudel dazuessen.

Tipp

Da man den fertigen Krautstrudel gut einfrieren kann, bereite ich oft gleich die doppelte Menge zu. Der Brokkolistrunk wird geschält und mitverwendet. Vegetarier lassen den Speck einfach weg.

Bohnensuppe mit Topinambur und Würstchen

Für 2 Portionen

200 g Topinambur
1 kleine Zwiebel
200 g grüne Bohnen
1 EL Butter
500 ml Wasser, Gemüse- oder Rinderbrühe (Rezepte auf Seite 17f.)
2 Pimentfrüchte oder Pimentpulver
Bohnenkraut
Salz
1–2 Paar Würstchen (z. B. Wiener, Kabanossi oder Debrecziner)

In dieser herzhaften Mahlzeit steckt auch – fast unbemerkt – eine gute Portion Vitalstoffe. Damit wappnen Sie sich und Ihre Lieben mit Kraft und Ausdauer.

■ Den Topinambur schälen, kurz abspülen und klein würfeln. Die Zwiebel schälen und klein schneiden. Die Bohnen waschen und abtropfen lassen. Die Spitzen auf beiden Seiten jeweils knapp abschneiden, die Bohnen putzen und je nach Größe halbieren oder dritteln. In einem Topf mit kochendem Salzwasser etwa 20 Minuten bissfest garen. Dann abschütten und beiseitestellen.

■ Die Butter in einem Topf erhitzen und die Zwiebel darin anschwitzen. Die Topinamburwürfel dazugeben und unter Rühren einige Minuten bei mittlerer Hitze anrösten. Das Wasser dazugießen, mit Piment, Bohnenkraut und Salz würzen und zugedeckt bei sanfter Hitze 20 Minuten köcheln.

■ Pimentfrüchte entnehmen und die Suppe pürieren. Die Würstchen mit einem scharfen Messer in Scheiben schneiden und mit den gegarten Bohnen zur Suppe geben. Einige Minuten erhitzen, abschmecken und servieren.

Tipp

Topinambur sättigt besonders gut, verhindert Heißhungerattacken und ist dabei auch noch kalorienarm. In gekochter und pürierter Form sorgt die Knolle in Suppen für eine schöne Sämigkeit.

vegetarisch

Blätterteigstangen

Ergibt ca. 20 Stangen

1 Packung Blätterteig (ca. 270 g)
1 Ei
Salz
Majoran, Oregano oder Thymian
Reibekäse nach Geschmack

Lust auf satten Biss? Diese knusprigen Snacks aus Blätterteig sind schnell gemacht und ergänzen die weiche, cremige Konsistenz einer Suppe aufs Feinste. Den Teig habe ich immer auf Vorrat im Tiefkühlfach – für spontane Suppen und hungrige Gäste (siehe Tipp).

■ Den Backofen auf 180 °C (Heißluft) vorheizen. Den Blätterteig auf einem Küchenbrett flach ausrollen und mit einem Messer in Streifen schneiden (Breite ca. 1,5 cm, Länge nach Wunsch). Die Teigstreifen jeweils mit beiden Händen zu einer Spirale drehen. Auf ein mit Backpapier ausgelegtes Backblech legen.

■ Mit dem verquirlten Ei bestreichen, mit Salz, Gewürzen und Käse bestreuen. Die Teigstangen etwa 15 Minuten backen, bis sie goldbraun sind.

Tipp

Tiefgefrorenen Blätterteig mit einem feuchtwarmen Geschirrtuch abdecken und an einem warmen Ort etwa 15 Minuten auftauen – schon ist er gebrauchsfertig.

Suppen für das schnelle Glück

vegan

Champignonsuppe mit Walnüssen

Für 2 Portionen

100 g Champignons
1 kleine Zwiebel
1 EL Olivenöl
600 ml Gemüsebrühe (Rezept auf Seite 17)
Salz
4–6 Blätter frische Minze
2–3 EL grob gehackte Walnüsse

Diese schnell gemachte Pilzsuppe wird mit gehackten Walnüssen garniert: Das vollmundige Aroma und die spannende Konsistenz von weich und knackig erfreuen Gaumen und Gemüt. Mit einem Stück Knoblauchbaguette wird daraus eine ganze Mahlzeit.

■ Die Champignons mit einem Küchenmesser putzen, dabei die Stiele etwas einkürzen. Die Pilze in dünne Scheiben schneiden. Die Zwiebel schälen und fein würfeln.

■ Das Olivenöl in einem Topf erhitzen und die Zwiebel darin anschwitzen. Die Champignons dazugeben und einige Minuten unter gelegentlichem Rühren anbraten.

■ Mit der Gemüsebrühe aufgießen und salzen. Die Suppe etwa 15 Minuten zugedeckt köcheln lassen.

■ 2 bis 3 gewaschene, fein geschnittene Minzeblätter unterrühren und die Suppe kurz ziehen lassen, dann abschmecken. Auf Tellern anrichten, mit den gehackten Walnüssen und einigen Minzeblättern garnieren.

Tipp

Ich mag zu dieser Suppe sehr gern frische Minze, aber auch Thymian passt gut.

vegetarisch

Kartoffel-Lauch-Eintopf

Für 2 Portionen

1 Stange Lauch
4–6 Kartoffeln
2 EL Olivenöl
600 ml Gemüsebrühe (Rezept auf Seite 17)
frischer oder getrockneter Majoran
Salz
Pfeffer aus der Mühle
50 g Reibekäse

Ein schneller Eintopf, der auch ohne Fleisch einen deftigen Charakter hat: Die Kombination von Käse und Majoran ist das Geheimnis.

■ Den Lauch putzen, in mundgerechte Stücke schneiden, waschen und abtropfen lassen. Die Kartoffeln schälen, kurz abspülen und in größere Stücke schneiden.

■ Das Olivenöl in einem Topf erhitzen. Den Lauch und die Kartoffeln darin anbraten. Dabei vorsichtig umrühren, sodass die Lauchringe nicht zerfallen. Mit Gemüsebrühe aufgießen, mit Majoran, Salz und Pfeffer würzen und die Suppe etwa 15 Minuten zugedeckt sanft köcheln lassen, dann abschmecken.

■ Den Reibekäse auf die heiße Suppe geben und schmelzen lassen oder die Suppe kurz im vorgeheizten Ofen überbacken.

Tipp

Statt Lauch passt auch klein geschnittener Wirsing, der genauso zubereitet wird. Wer mag, brät noch Speckwürfel mit an.

vegan

Kalte Tomatensuppe

Tipp

Für ein eiskaltes Vergnügen einige Eiswürfel im Mixer mitpürieren und die Suppenschalen ein paar Minuten im Gefrierfach anfrosten. Als Garnitur passen auch (wenige!) Lavendelblüten, die man vor dem Servieren über die Tomatensuppe streut – dieses Aroma bringt den Süden auf den Tisch!

Für 2 Portionen

500 g vollreife Tomaten
1 kleine Zwiebel
1 Knoblauchzehe
1 Karotte
1 EL Olivenöl
500 ml Wasser oder Gemüsebrühe (Rezept auf Seite 17)
1 Rosmarinzweig
Salz
Pfeffer aus der Mühle
frischer Basilikum oder Petersilie
essbare Blüten zur Dekoration (z. B. Gänseblümchen)

Frische Tomaten voller Aroma spielen in dieser Sommersuppe die Hauptrolle – dennoch ist sie rasch zubereitet. Profiköche sieben Tomatensuppen gerne ab und klären sie dann mithilfe von Eiweiß. Ich dagegen schätze eine fruchtige und stückige Version voller Geschmack und wertvoller Inhaltsstoffe.

■ Die Tomaten am Strunk kreuzweise einschneiden und in einer Schüssel mit kochend heißem Wasser übergießen, kurz stehen lassen. Abgießen, die Schale mit einem Messer abziehen, Tomaten vom Strunk befreien und klein scheiden. 2 EL der Tomatenwürfel beiseitelegen. Zwiebel und Knoblauch schälen, klein hacken. Karotte putzen, schälen oder mit einer Gemüsebürste waschen.

■ Das Olivenöl in einem Topf erhitzen. Nacheinander Zwiebel, Karotte und Knoblauch bei mittlerer Hitze anbräunen. Den größeren Teil der Tomatenstücke dazugeben und mit dem Wasser aufgießen.

■ Den Rosmarinzweig, Salz und Pfeffer hinzufügen und die Suppe 20 Minuten zugedeckt sanft köcheln lassen.

■ Rosmarin wieder entnehmen. Die Suppe pürieren, abschmecken und kalt stellen. Die beiseitegelegten Tomatenwürfel auf Suppenschalen oder Gläser verteilen. Mit der Tomatensuppe aufgießen und mit den gewaschenen, klein geschnittenen Basilikum- oder Petersilienblättchen und essbaren Blüten garnieren.

Pastinakencremesuppe mit Sherry

vegetarisch

Tipp

Für Kinder lässt man den Sherry einfach weg. Wer es cremiger mag, fügt noch etwas Sahne hinzu. Als schnelle Beilage passen Roggencroûtons (Seite 93) mit Oregano, Vollkornbrot mit würzigem Käse oder Blätterteigstangen (Seite 98).

Für 2 Portionen

3 Pastinaken
2 Kartoffeln
1 Lauchstange
2 EL Olivenöl
400 ml Gemüsebrühe (Rezept auf Seite 17)
frischer Oregano
Salz
Zimt
100 ml Milch
frische Petersilie
2–3 EL Sherry

Früher war die Pastinake bei uns ein Grundnahrungsmittel. Das Wurzelgemüse macht langfristig satt und zufrieden. Hier verbindet sich ihr erdiges Aroma mit dem rauchigen Charakter von Sherry.

■ Pastinaken und Kartoffeln schälen, kurz mit Wasser abspülen und klein schneiden. Den Lauch putzen, in Ringe schneiden, waschen und abtropfen lassen.

■ Das Olivenöl in einem Topf erhitzen. Pastinaken, Kartoffeln und Lauch unter gelegentlichem Rühren bei mittlerer Hitze anrösten.

■ Mit Gemüsebrühe aufgießen, den gewaschenen und klein gehackten Oregano dazugeben. Die Suppe 15 bis 20 Minuten zugedeckt sanft köcheln lassen, bis das Gemüse weich ist. Den Topf von der heißen Herdplatte ziehen und die Suppe mit einem Stabmixer pürieren.

■ Mit Salz und Zimt würzen. Die Milch dazugießen und die Suppe nochmals erhitzen, dann abschmecken.

■ Die Petersilie waschen, trocken tupfen, Blättchen abzupfen und klein hacken. Den Sherry unter die Suppe rühren, auf Teller verteilen und mit den Kräutern garnieren.

vegan

Kohlrabisuppe mit frischen Erbsen

Tipp

Um die milde Süße der Kohlrabisuppe zu verstärken, nach der Hälfte der Kochzeit noch einen halben, klein gewürfelten Apfel dazugeben. Als schnell gemachte, sättigende Einlage passen Kartoffelwürfel oder Grießnocken (Seite 85).

Für 2 Portionen

1 Zwiebel
1 Knoblauchzehe
1 Kohlrabi
2 EL Olivenöl
500 ml Gemüsebrühe (Rezept auf Seite 17)
frischer Dill und Liebstöckel
Salz
Pfeffer aus der Mühle
1–2 Handvoll Erbsen (frisch oder TK)

Haben Sie gerade frischen Kohlrabi im Kühlschrank? Sein mildsüßlicher Geschmack ergibt mit Erbsen und Dill eine frühlingshaft frische Suppe, die auch Kinder mögen.

■ Die Zwiebel und den Knoblauch schälen und sehr fein hacken. Den Kohlrabi putzen, schälen und in kleine Würfel schneiden.

■ Das Olivenöl in einem Topf erhitzen. Zwiebel und Knoblauch etwa 8 Minuten bei sanfter Hitze anbraten, dabei gelegentlich umrühren. Die Kohlrabiwürfel dazugeben und mit der Gemüsebrühe aufgießen.

■ Dill und Liebstöckel waschen, trocken tupfen und klein schneiden. Die Suppe mit Liebstöckel, Salz und Pfeffer würzen. Etwa 10 Minuten zugedeckt sanft köcheln lassen, bis der Kohlrabi weich, aber noch bissfest ist.

■ Die Erbsen dazugeben und kurz erhitzen, aber nicht mehr kochen. Den fein gehackten Dill unterrühren und die Suppe abschmecken.

Kohlrabicremesuppe mit geröstetem Knoblauch

vegan

Tipp

Frische Kohlrabiblätter lassen sich wunderbar als Suppenwürze verwenden: einfach waschen, trocken tupfen, klein hacken und darüberstreuen.

Für 2 Portionen

1 Zwiebel
1 mehligkochende Kartoffel
1 Karotte
1 Kohlrabi
3 EL Olivenöl
500 ml Gemüsebrühe (Rezept auf Seite 17)
Salz
Pfeffer aus der Mühle
frischer Oregano
4 Knoblauchzehen
frisch geriebene Muskatnuss

Diese einfach gemachte Suppe fühlt sich im Mund wie Samt und Seide an. Der sanft geröstete Knoblauch überrascht durch seine Süße.

■ Die Zwiebel schälen und fein hacken. Die Kartoffel, die Karotte und den Kohlrabi putzen, schälen und in kleine Stücke schneiden.

■ 2 EL Olivenöl in einem Topf erhitzen und die Zwiebelwürfel darin anbraten. Kohlrabi, Karotte und Kartoffel dazugeben und unter Rühren bei mittlerer Hitze kurz anbraten. Mit Gemüsebrühe aufgießen, salzen, pfeffern und mit dem gewaschenen, klein gehackten Oregano würzen. Etwa 20 Minuten zugedeckt köcheln lassen.

■ Den Knoblauch schälen und in dünne Scheiben schneiden. Eine kleine Pfanne mit 1 EL Olivenöl erhitzen und den Knoblauch bei sanfter Hitze unter gelegentlichem Wenden langsam goldbraun anrösten.

■ Die frisch geriebene Muskatnuss zur Suppe dazugeben und fein pürieren. Die Suppe abschmecken und auf Schalen oder Teller verteilen. Mit den gerösteten Knoblauchscheiben garnieren.

Tempo, Tempo!

Es hat mal wieder länger gedauert, man kommt nach Hause, und der Magen knurrt schon. Oft gibt es gleich noch jemanden – Partner, Kind oder Freundin – der einen mit großen, erwartungsvollen Augen anschaut: Hunger! Etwas zu essen muss auf den Tisch, und zwar schnell. Dafür sind Suppen ideal geeignet. Bei keiner anderen Mahlzeit gibt es so viele Möglichkeiten, um die verschiedensten Zutaten im Handumdrehen miteinander zu kombinieren. Ein Blick in Kühlschrank und Vorratsregal und schon kann es losgehen. Etwas Gemüse, dazu Brot, Getreide oder Teigwaren: Mehr braucht man nicht, um ein leckeres, wohltuendes und sättigendes Süppchen zu kochen. Oder Sie bereiten die Gemüsereste vom Vortag mit weiteren Zutaten und Gewürzen in einer Suppe neu zu und pürieren sie nach Geschmack noch kurz. Schon erhalten sie ein ganz neues Gewand.
Die meisten Gemüsearten sind klein geschnitten nach maximal 20 Minuten Kochzeit gar. Wer Hühnerfleisch oder Fisch hinzufügt, muss auch nicht länger warten. Dasselbe gilt für Einlagen wie Nudeln, Kartoffeln, Reis, Quinoa oder Hirse.

Zu meinen liebsten Küchenhelfern zählt der Stabmixer, nicht umsonst „Zauberstab" genannt. Für Suppenköche ist er ein wahrer Segen – ein Pürierwunder und Kochbeschleuniger. Wenn die einzelnen Zutaten schon weich gekocht, aber noch nicht miteinander verschmolzen sind, kommt er zum Einsatz. Schon nach wenigen Sekunden hat man eine leckere Cremesuppe mit einheitlich sämiger Konsistenz. Je nach Rezept, Lust und Laune kann diese mal stückiger oder feiner sein. Ganz nebenbei kann der Stabmixer auch Kalorien einsparen. Dank seiner Gaumenschmeichelei lässt sich nämlich leichter auf Sahne, Rahm oder Crème fraîche verzichten. Weitere Möglichkeiten, um eine Suppe auf die Schnelle zu binden und sämig zu machen, ist das Legieren mit Eigelb (Seite 115) oder das Hinzufügen von kurz garender Polenta (Seite 89) oder Gerste (Seite 141). Auch rote bzw. gelbe Linsen (Seite 69) und mitgekochte Kartoffelstücke (Seite 102) bewirken rasch eine schöne Konsistenz.
Ein weiterer Kochbeschleuniger in meiner Suppenküche ist Liebstöckel, auch Maggikraut genannt. Wenn ich gerade keine vorgekochte Brühe in meinem Tiefkühlschrank finde oder nur wenig Gemüse vorrätig habe, ist Liebstöckel meine Rettung. Ich persönlich mag keine fertige Fleisch- oder Gemüsebrühe aus dem Glas und bevorzuge dann Liebstöckel. Sowohl Suppen als auch Soßen verleiht dieses Gewürz das gewisse Etwas – am besten natürlich als frisches Kraut, aber auch in getrockneter Form.

Viele meiner Suppen sind nach maximal 30 Minuten fertig gekocht. Dabei beschränkt sich die Arbeitszeit oft nur auf etwa 10 Minuten; in der restlichen Zeit köchelt die Suppe alleine vor sich hin. Von den 100 Teller Suppen, die jeder Deutsche jährlich isst, sind über die Hälfte Fertigsuppen aus der Tüte. Dabei kostet eine einfache Nudel-, Kartoffel- oder Gemüsesuppe nur wenig mehr Zeit und Geld! Weitere schnelle Suppen- und Rezeptideen finden Sie in meinem Buch „Essen to go" (siehe Seite 167).

vegetarisch

Blumenkohlcremesuppe mit Fenchelsamen

Tipps

Bei großem Appetit 100 g Schmelzkäse oder Roquefort in der Suppe schmelzen lassen und Croûtons aus Weißbrot in etwas Butter anbraten.

Für einen herzhaften Beilagensnack einfach kleine Salzbrezeln mit hauchdünnen Speckscheiben umwickeln.

Für 2 Portionen

400 g Blumenkohl
1 Stange Staudensellerie
1 Zwiebel
2 Kartoffeln
1 EL Olivenöl
1/2 TL Fenchelsamen
450 ml Gemüsebrühe (Rezept auf Seite 17)
Salz
2 EL Sahne

Wenn ich nach einem stressigen Tag nach Hause komme, Mantel und Tasche an der Garderobe abwerfe und mich nur noch nach baldiger Entspannung sehne – dann ist die richtige Zeit für diese sämige, cremige und wohlige Suppe gekommen.

■ Blumenkohlröschen vom Strunk abschneiden und waschen. Selleriestange waschen, putzen, schälen und in kleine Ringe schneiden. Zwiebel und Kartoffeln schälen und klein würfeln.

■ Das Olivenöl in einem Topf erhitzen. Zwiebel, Sellerie und Fenchelsamen bei mittlerer Hitze unter Rühren anbraten.

■ Kartoffeln dazugeben und kurz mitbraten, mit der Gemüsebrühe aufgießen und salzen. Die Blumenkohlröschen dazugeben und die Suppe etwa 15 Minuten zugedeckt sanft köcheln lassen.

■ Die Suppe mit einem Stabmixer pürieren, bis die gewünschte Konsistenz erreicht ist. Die Suppe abschmecken und auf Teller oder Schalen verteilen. Jeweils 1 EL Sahne kreisförmig mit einem Esslöffel einrühren.

vegan

Cremige Maissuppe

Für 2 Portionen

1 kleine Zwiebel
2 EL Maiskeimöl
150 g Mais (TK, frisch oder aus dem Glas)
300 ml Wasser oder Gemüsebrühe (Rezept auf Seite 17)
Currypulver
Kreuzkümmelpulver
Vanille
Zimt
Salz
200 ml Kokosmilch
frisch geriebene Muskatnuss

Nachdem ich mit meiner Familie an einem kalten Sonntagnachmittag aus dem Zoo nach Hause kam und wir uns trotz leerem Kühlschrank nach einer wärmenden Mahlzeit sehnten, war diese Suppe die Rettung.

■ Die Zwiebel schälen und klein hacken. Das Öl in einem Topf erhitzen und die Zwiebel etwa 8 Minuten bei mittlerer Hitze unter Rühren anrösten.

■ Die Maiskörner dazugeben und umrühren. Mit Wasser oder Brühe aufgießen und mit Curry, Kreuzkümmel, Vanille, Zimt und Salz würzen. Die Suppe bei niedriger Temperatur etwa 20 Minuten zugedeckt köcheln lassen. Nach 10 Minuten Kochzeit die Kokosmilch dazugießen und unterrühren.

■ Die Maissuppe mit frisch geriebener Muskatnuss abschmecken, mit einem Stabmixer fein pürieren und servieren.

Tipp

Mitgekochte und pürierte Kartoffelstückchen machen die Suppe noch sämiger. Als Topping passen kross gebratene Hühnerbruststreifen (dann Hühnerbrühe verwenden). Wer mag, würzt zusätzlich mit Chili.

Klare Frühlingssuppe

vegan

Für 2 Portionen

4 Frühlingszwiebeln
100 g frischer Blattspinat
4–6 Radieschen
2 EL Pflanzenöl oder Butter
500 ml kräftige Gemüsebrühe (Rezept auf Seite 17)
Salz
Pfeffer aus der Mühle

Nach dem Winter bin ich so ausgehungert nach Farbe und frischem Geschmack, dass ich außer Frühlingsgemüse nichts weiter für eine Suppe brauche. Um sie auf die Schnelle weiter anzureichern, passen Nudeln, Grießnocken (Seite 85) oder Frittaten (Seite 73).

■ Frühlingszwiebeln waschen, putzen und in feine Scheiben schneiden. Den Spinat waschen und von groben Stielen befreien. Wenige Minuten in kochendem Salzwasser garen und kurz unter fließendem, kaltem Wasser oder in einer Schüssel Eiswasser abschrecken (blanchieren). In ein Sieb geben und abtropfen lassen.

■ Die Radieschen von Blättern und Wurzeln befreien und gründlich waschen, in Stifte oder Scheiben schneiden.

■ Das Pflanzenöl in einem Topf erhitzen. Die Frühlingszwiebel und die Radieschen kurz bei mittlerer Hitze unter Rühren anbraten. Die Gemüsebrühe dazugießen, aufkochen lassen und die Suppe mit Salz und Pfeffer abschmecken. Die Spinatblätter in die Suppenschalen legen und die heiße Suppe darübergießen.

Tipp

Dazu schmecken Frühlingskräuter wie frische Kresse, Kerbel, Pimpinelle oder Gänseblümchen.

Würstchen im Schlafrock

Tipp

Als Variation den Teig vor dem Einwickeln mit Ketchup oder Senf bestreichen oder jeweils eine Scheibe Käse mit einwickeln. Den mit Eigelb bestrichenen Teig mit Sesam- oder Mohnsamen bestreuen.

Ergibt 8 Stück

1 Packung Blätterteig (ca. 270 g)
4 Wiener Würstchen
1 Eigelb

Diese herzhafte Suppenbeilage macht sich fast von alleine: Würstchen in fertigen Blätterteig wickeln, mit Eigelb bestreichen, backen – fertig! Das passt wunderbar zu einem Teller Suppe, schmeckt auch kalt – und macht nicht nur Kinder glücklich.

■ Den Backofen auf 180 °C vorheizen.

■ Den Blätterteig auf der Arbeitsfläche ausbreiten und in 8 gleich große Rechtecke schneiden.

■ Die Würstchen halbieren. Jede Wursthälfte mit einem Teigstreifen umwickeln, sodass die Würstchenspitze jeweils auf einer Seite herausschaut.

■ Auf ein mit Backpapier ausgelegtes Backblech legen und mit Eigelb bestreichen. Etwa 15 bis 20 Minuten goldgelb backen.

Legierte Knoblauchsuppe

vegetarisch

Tipp

Wichtig beim Legieren ist ein sorgfältiges Trennen der Eier und das Entfernen der Dotterschnur. Die Suppe darf beim Einrühren des Eigelbs nicht mehr kochen, sonst gerinnt das Ei und wird flockig. Das ist zwar eine Möglichkeit für eine Suppeneinlage, hier aber nicht gewollt.

Für 2 Portionen

8–10 Knoblauchzehen
125 ml Milch
1/2 kleine Zwiebel
1 EL Butter
500 ml Gemüsebrühe (Rezept auf Seite 17)
Salz
Pfeffer aus der Mühle
1 Eigelb
3 cl Sahne oder Milch
Schnittlauchröllchen

Beim Legieren mit Eigelb können Sie Suppen, Soßen und Süßspeisen auf samtig-weiche Weise binden. Die Speisen werden geschmacklich verfeinert und erhalten einen appetitlichen Glanz. Das Eigelb wird einfach mit einem Schneebesen unter die Suppe gerührt.

■ Die Knoblauchzehen schälen. Die Milch in einem Topf erhitzen und die Knoblauchzehen darin 10 Minuten zugedeckt sanft köcheln, bis sie weich sind. Mit einer Gabel in der Milch zu Brei zerdrücken.

■ Die Zwiebel schälen und fein hacken. Butter in einem Topf erhitzen und die Zwiebel anrösten. Die Brühe und die Knoblauchmilch dazugießen, salzen, pfeffern, gut verrühren und einige Minuten zugedeckt köcheln lassen.

■ Das Eigelb in einer Schüssel mit der Sahne gut verquirlen. Den Suppentopf von der heißen Herdplatte ziehen. Etwa 5 EL Suppe zum Eigelb gießen und gleich kräftig mit einem Schneebesen verrühren. Die Eiermischung unter ständigem Rühren zur heißen, aber nicht mehr kochenden Suppe gießen (siehe Tipp).

■ Die Knoblauchsuppe abschmecken, in Teller oder Schalen füllen und mit Schnittlauch garnieren. Dazu passt ein herzhaftes Zwiebel-, Tomaten- oder Olivenbrot.

vegetarisch

Linsensuppe mit Petersiliensahne

Für 2 Portionen

150 g rote Linsen
1 rote Zwiebel
1 EL Oliven- oder Maiskeimöl
250 ml Apfelsaft
250 ml Gemüsebrühe (Rezept auf Seite 17)
Salz
Pfeffer aus der Mühle
etwas Zitronensaft oder Balsamico
1 TL Zucker
1 Bund Petersilie oder Koriander
2–3 EL Sahne

Die Petersiliensahne zerschmilzt zuerst in der heißen Suppe und dann auf der Zunge – ein außergewöhnlicher Genuss.

■ Die Linsen in einem Sieb mit kaltem Wasser waschen und abtropfen lassen. Die Zwiebel schälen und klein würfeln.

■ Das Öl in einem Topf erhitzen, die Zwiebelwürfel einige Minuten darin anschwitzen. Die Linsen dazugeben, mit Apfelsaft und Gemüsebrühe aufgießen.

■ Zugedeckt 10 bis 20 Minuten köcheln lassen, bis die Linsen die gewünschte Konsistenz aufweisen. Mit Salz, Pfeffer, Zitronensaft und Zucker abschmecken.

■ Die Petersilie waschen, trocken tupfen und grob hacken. Die Sahne halbsteif schlagen und mit der Petersilie vermischen. Die Linsensuppe mit der Petersiliensahne garnieren.

Tipp

Rote und gelbe Linsen müssen nur 10 bis 20 Minuten garen. Für Suppen und Eintöpfe sind sie ideal, weil sie eine schön sämige Konsistenz entwickeln. Die roten Linsen schmecken leicht süßlich und werden beim Kochen gelb.

Bärlauchsuppe

vegetarisch

Für 2 Portionen

- 1 Zwiebel
- 1 Knoblauchzehe
- 1 EL Olivenöl
- 2 Kartoffeln
- 500 ml Gemüsebrühe (Rezept auf Seite 17)
- Salz
- Pfeffer aus der Mühle
- 1 Bund Bärlauch
- 2–3 EL Sauerrahm

Im Frühjahr spüre ich das starke Bedürfnis, mir endlich wieder frische, heimische Kost einzuverleiben: Die Zeit des Bärlauchs ist da. Neben einem Pesto zählt eine Suppe wohl zu den schnellsten Möglichkeiten, um in seinen Genuss zu kommen.

■ Zwiebel und Knoblauch schälen, klein würfeln und in einem Topf mit dem erhitzten Olivenöl einige Minuten unter Rühren anbraten. Die geschälten, klein gewürfelten Kartoffeln dazugeben und kurz mitbraten.

■ Mit Gemüsebrühe aufgießen, salzen und pfeffern. Etwa 20 Minuten bei geringer Hitzezufuhr zugedeckt köcheln lassen, bis die Kartoffeln weich sind.

■ Die Bärlauchblätter in einem Sieb unter fließendem Wasser waschen, mitsamt Stängeln in kleine Streifen schneiden und in den Topf geben. Aufkochen lassen und die Suppe mit dem Sauerrahm zusammen pürieren, zuletzt abschmecken.

Tipp

Dazu schmecken die Hirseklößchen mit Ziegen- oder Schafskäse (Seite 84). Anstelle von Kartoffeln können Sie die Suppe auch mit Hafer oder Hirse zubereiten: einfach in der Suppe mitkochen und mit dem Bärlauch zusammen pürieren.

vegetarisch

Radieschensuppe

Für 2 Portionen

150 g Radieschen mit frischen Blättern
1 Frühlingszwiebel
1 Stange Staudensellerie
2–3 Stängel Petersilie
1–2 EL Butter
etwa 2 EL Weizenmehl
500 ml Gemüsebrühe (Rezept auf Seite 17)
Salz
Pfeffer aus der Mühle
100 g Sauerrahm
essbare Blüten (z. B. Gänseblümchen, Rotklee, Wiesenschaumkraut oder Borretsch)

Mal wieder zwischen Tür und Angel, kurz nach Hause zum Essen und gleich wieder los? Diese schnelle Suppe mit feiner Schärfe ist knackig und cremig zugleich. Die Radieschenblätter werden mitverwendet; das bringt zusätzlich Vitamine und Würze auf den Teller.

■ Die Radieschen mitsamt den frischen Blättern gründlich waschen und putzen. Die Blätter am Ansatz von den Knollen schneiden, trocken tupfen und klein hacken. Die Radieschen von der Wurzel befreien und in Scheiben schneiden, 1 Radieschen für die Garnitur beiseitelegen.

■ Die Frühlingszwiebel waschen, putzen und klein schneiden. Den Staudensellerie waschen, putzen, schälen und in feine Scheiben schneiden. Petersilie mitsamt Stängeln waschen, trocken tupfen und fein schneiden.

■ Die Butter in einem Topf schmelzen lassen. Die Frühlingszwiebel, Sellerie, Radieschengrün und Petersilie kurz bei mittlerer Hitze unter Rühren anbraten. Die Hälfte der Radieschenscheiben dazugeben, mit Mehl bestäuben und verrühren.

■ Die Gemüsebrühe dazugießen und aufkochen lassen, dabei immer wieder mit einem Schneebesen gut verrühren. Salzen, pfeffern und die Suppe bei sanfter Hitze etwa 20 Minuten zugedeckt köcheln lassen.

■ Die Suppe mit einem Stabmixer pürieren. Die zweite Hälfte Radieschenscheiben dazugeben und einige Minuten erhitzen.

■ Den Sauerrahm mit einem Schneebesen unterrühren und die Suppe abschmecken. Das beiseitegelegte Radieschen in dünne Scheiben schneiden. Die Suppe mit den Radieschenscheiben und essbaren Blüten garnieren.

Tipp

Wer es noch pikanter mag, rührt zuletzt noch geriebenen Meerrettich unter. Aus den klein gehackten Radieschenblättern lässt sich auch ein Pesto zubereiten: mit geriebenem Parmesan, gehackten und gerösteten Haselnüssen, Salz, Knoblauch und einem guten Öl im Mörser zerstoßen oder kurz pürieren. Pesto ist auch eine feine Suppenwürze (siehe Seite 68 oder Seite 157).

vegetarisch

Harzer Käsesuppe mit Taboulé

Für 2 Portionen

100 g Harzer Käse, Quargel oder Graukäse
1/2 Zwiebel
1–2 EL Butter
500 ml Gemüsebrühe (Rezept auf Seite 17)
Salz
Kümmelpulver
Pfeffer aus der Mühle

Wenn ein Tag besonders grau und eintönig war und ich das Bedürfnis nach einem intensiven Sinneserlebnis verspüre, kommt diese Käsesuppe auf den Tisch. Sie steckt voller würzigem Aroma und ist dabei sehr fettarm. Dazu esse ich am liebsten ein Taboulé.

■ Den Käse klein schneiden oder mit den Fingern in kleine Stücke reißen. Die Zwiebel schälen und sehr fein hacken.

■ Die Butter in einem Topf erhitzen und die Zwiebel etwa 10 Minuten bei sanfter Hitze unter gelegentlichem Rühren anrösten, sodass sie süßlich schmeckt.

■ Den Käse dazugeben und schmelzen lassen. Unter Rühren mit dem Schneebesen die Brühe dazugießen, Salz und Kümmel hinzufügen. Die Suppe aufkochen und einige Minuten leicht köcheln lassen. Mit dem Schneebesen kräftig schlagen, bis die Suppe schaumig wird. Mit Pfeffer würzen und die Suppe abschmecken.

Tipp

Anstelle des Taboulés passen auch ein Gewürzbrot mit Butter, Brotcroûtons oder Backerbsen (Seite 47).

vegan

Taboulé mit Bulgur

Für 2 Portionen

70 g Bulgur
1–2 EL Rosinen
150 ml Wasser
Salz
1/3 Salatgurke
je 1/2 rote und 1/2 gelbe Gemüsepaprika
1 Knoblauchzehe
Saft und Schale von 1/2 unbehandelten Zitrone
frische Minze
3 TL kleine Kapern nach Geschmack
Pfeffer aus der Mühle
2–3 EL Olivenöl

■ Den Bulgur waschen und mit den Rosinen in der angegebenen Menge Wasser 2 Minuten kochen. Dann bei geringer Hitzezufuhr zugedeckt 10 bis 20 Minuten quellen lassen (Packungsangabe beachten) und salzen. Den Bulgur immer wieder mit der Gabel auflockern.

■ Die Salatgurke schälen, der Länge nach vierteln und in kleine Würfel schneiden. Die Paprika waschen, von Stielansatz, Kernen und weißen Trennwänden befreien und klein schneiden. Die Knoblauchzehe schälen und sehr fein hacken. Die Zitrone mit heißem Wasser waschen, abtrocknen und etwas Schale abreiben. Den Saft von einer Zitronenhälfte auspressen. Die Minzeblätter waschen, trocken tupfen und sehr fein hacken.

■ Den gekochten Bulgur mit Rosinen, Salatgurke und Paprika in eine Salatschüssel geben. Mit Knoblauch, Kapern, Minze, Olivenöl, Zitronenschale und -saft gut durchmischen. Mit Salz und Pfeffer abschmecken und das Taboulé auf Tellern anrichten.

Suppen zum Gesunden

vegetarisch

Kapuzinerkresse-Suppe

Tipp

Kapuzinerkresse gibt es leider nur selten auf Gemüsemärkten zu kaufen, mehr Glück hat man in Gärtnereien. Die Pflanzen sind pflegeleicht und können im Frühjahr einfach aus Samen gezogen werden, auch in Blumentöpfen und -kästen.

Für 2 Portionen

1–2 Handvoll Kapuzinerkresseblätter
2 Frühlingszwiebeln
1 EL Butter
1 EL Weizenmehl
400 ml Gemüsebrühe (Rezept auf Seite 17)
4 EL Sauerrahm
Salz
Kapuzinerkresseblüten für die Garnitur

Die Kapuzinerkresse hat nicht nur sehr hübsche Blüten, sie ist ein uraltes Heilmittel der Inkas und macht nun auch bei uns Furore: 2013 wurde sie offiziell zur „Arzneipflanze des Jahres" gewählt. Kapuzinerkresse wappnet uns gegen Bakterien, Viren und Pilze. Sie wird sogar als pflanzliches Antibiotikum eingesetzt. Ich mache aus ihren Blättern gern eine Suppe – herrlich grün und mit pikanter Würze!

■ Die Blätter der Kapuzinerkresse waschen, trocken tupfen und klein hacken. Die Frühlingszwiebeln waschen, putzen und klein hacken.

■ Die Butter in einem Topf erhitzen, die Frühlingszwiebeln bei mittlerer Hitze unter Rühren einige Minuten anschwitzen. Mit dem Mehl bestäuben und die Gemüsebrühe dazugießen. Aufkochen lassen und dabei kräftig mit dem Schneebesen rühren.

■ Die Kapuzinerkresseblätter dazugeben, einige Minuten mitkochen und die Suppe mit einem Pürierstab oder im Mixer fein pürieren. Den Sauerrahm unterrühren und die Suppe mit Salz abschmecken. Auf Teller oder Schalen verteilen und mit Kapuzinerkresseblüten garnieren.

vegetarisch

Reissuppe mit Ei

Für 2 Portionen

- 1 Zwiebel
- 2–4 Knoblauchzehen
- 1 cm frischer Ingwer
- 100 g Rundkornreis
- 2 EL Pflanzenöl, z. B. Maiskeimöl
- 800 ml Wasser
- 6 Kaffirlimettenblätter
- Salz
- 2 Eier
- bunter Pfeffer nach Geschmack

Ich schätze diese Reissuppe, wenn ich mich nicht ganz wohlfühle und es mich fröstelt. Der intensive Duft und Geschmack von Ingwer, Knoblauch und Kaffirlimette regen meinen Appetit an – und meistens komme ich nach dem Essen schnell wieder in Schwung.

■ Zwiebel und Knoblauch schälen und sehr fein hacken. Den Ingwer schälen und fein reiben. Den Reis unter fließendem Wasser in einem Sieb waschen.

■ Das Öl in einem Topf erhitzen. Zwiebel, Knoblauch, Ingwer und Reis unter Rühren 1 bis 2 Minuten anbraten. Das Wasser, die gewaschenen Kaffirlimettenblätter und etwas Salz dazugeben. Die Suppe so lange köcheln, bis der Reis gar ist (Packungsangabe beachten).

■ Die Eier in kochendem Wasser garen (4 bis 8 Minuten nach Geschmack), mit kaltem Wasser abschrecken und schälen.

■ Die Kaffirlimettenblätter aus der Suppe nehmen. Die Suppe auf Teller oder Schalen verteilen, jeweils ein Ei in die Mitte legen und nach Geschmack mit groben Pfefferkörnern bestreuen.

Tipp

Bei einem gereizten Magen oder wenig Appetit das Ei und den Pfeffer weglassen und nur die milde, gut verträgliche Reissuppe löffeln. Kaffirlimettenblätter finden Sie in Supermärkten und Asia-Shops. Mit weniger Wasser zubereitet, erhält man einen Beilagenreis mit herrlichem Aroma.

Wärmende Tomatensuppe

vegan

Für 2 Portionen

500 g reife Tomaten
1 kleine Zwiebel
1 Knoblauchzehe
1 EL Olivenöl
1/2 Chilischote oder
1 cm frischer Ingwer nach Geschmack
300 ml Wasser oder Gemüsebrühe (Rezept auf Seite 17)
Salz
Zimtpulver
frisch geriebene Muskatnuss
1–2 Scheiben altbackenes Brot
1 EL Butter oder Öl
Schnittlauchröllchen

Herzerwärmer und Seelentröster für kalte Tage und trübe Stimmung: Eine heiße Tomatensuppe mit Zimt, Chili, Ingwer und Muskatnuss wärmt den Körper von innen heraus – und zaubert ein Lächeln ins Gesicht.

■ Die Tomaten am Strunk kreuzweise einschneiden und in einer Schüssel mit kochend heißem Wasser übergießen, kurz stehen lassen. Abgießen und die Schale mit einem Messer abziehen. Die Tomaten vom Strunk befreien und klein scheiden.

■ Zwiebel und Knoblauch schälen und fein hacken. Das Olivenöl in einem Topf erhitzen, Zwiebel und Knoblauch etwa 8 Minuten bei sanfter Hitze darin anbräunen, bis sie süßlich schmecken.

■ Die Chilischote waschen, halbieren, entkernen und eine Hälfte in kleine Ringe schneiden. Ingwer schälen und fein reiben. Mit den Tomatenstücken zusammen in den Topf geben, das Wasser dazugießen. Mit Salz und Zimt würzen und etwa 15 Minuten köcheln lassen, Muskatnuss unterrühren und abschmecken.

■ Das altbackene Brot in kleine Würfel schneiden. Die Butter in einer Pfanne schmelzen und die Brotwürfel bei mittlerer Hitze unter regelmäßigem Rühren goldgelb anbraten.

■ Die Suppe mit einem Stabmixer fein pürieren und mit den Brotwürfeln und Schnittlauchröllchen bestreut servieren.

Tipp

Als Einlagen passen auch Tortellini oder Reis, kleine Mozzarellakugeln oder Hirseknödel mit Ziegen- oder Schafskäse (Seite 84).

vegetarisch

Wildkräutersuppe mit Schnittlauch-Bötchen

Für 2 Portionen

1–2 Handvoll Wildkräuter und/ oder Küchenkräuter (z. B. die Blätter von Brennnessel, Löwenzahn, Schafgarbe, Giersch, Bärlauch, Brunnenkresse, Dill oder Kerbel)
1 kleine Zwiebel
1 EL Butter
1 EL Weizenmehl
450 ml Gemüsebrühe (siehe Seite 17)
50 ml Sahne
Salz
Pfeffer aus der Mühle
frisch geriebene Muskatnuss
frischer Schnittlauch und Dill
2 Scheiben Brot
etwas Butter zum Bestreichen

Ein Teller voller Wildkräuter! Meinem Empfinden nach ist es egal, welche Kräuter Sie für diese Suppe verwenden. Ich glaube an die Gabe der Natur, dass alle individuellen Variationen geschmacklich zusammenpassen und uns dann ganz persönlich guttun.

■ Die Kräuter waschen und trocken schleudern. Von den Stängeln zupfen und fein hacken. Die Zwiebel schälen und klein schneiden.

■ Die Butter in einem Topf schmelzen und die Zwiebel bei mittlerer Temperatur einige Minuten anbraten. Mit dem Mehl bestäuben und die Gemüsebrühe dazugießen, dabei mit dem Schneebesen kräftig rühren. Aufkochen lassen und immer wieder umrühren.

■ Die Kräuter dazugeben und die Suppe zugedeckt 5 bis 10 Minuten sanft köcheln. Die Sahne dazugießen, Salz, Pfeffer und Muskatnuss unterrühren und die Suppe mit einem Stabmixer pürieren. Bei Bedarf nochmals kurz erhitzen und abschmecken.

■ Schnittlauch und Dill waschen, trocken tupfen und fein schneiden. Die Brote mit Butter bestreichen, mit der gebutterten Seite auf die Schnittlauchröllchen drücken und in mundgerechte Stücke schneiden.

■ Die Suppe auf Teller verteilen, mit Dill und den Schnittlauch-Bötchen garnieren.

Tipp

Für hungrige Esser und eine schöne Sämigkeit der Suppe 2 bis 3 gekochte Kartoffeln in Würfel schneiden und mitpürieren. Bei Bedarf etwas Wasser oder Sahne dazugießen.

Suppen als Kraftnahrung und Heilmittel

Sie wird auch nur mit Wasser gekocht und ist dennoch als „Ur-Suppe" (siehe Seite 34) die Mutter aller Mahlzeiten: Eine Suppe vermag uns Kraft und Energie zu schenken, sie wärmt, beruhigt, tröstet und verbindet Menschen miteinander. Darüber hinaus sind Suppen gesund und helfen uns bei Krankheiten wieder auf die Beine.
Es steckt schon im Namen der ersten französischen „Restaurants" aus dem 18. Jahrhundert, in denen damals vor allem Suppen angeboten wurden. Wie „Bouillon" war „Restaurant" ein gleichrangiger Name sowohl für „Gaststätte" als auch für „Suppe". Das zugrunde liegende „restaurer" bedeutet stärken, reparieren oder wiederherstellen – und beschreibt nichts anderes als die Wirkungsweise einer energiereichen „Kraftbrühe".

Suppen sind warm, gegart und flüssig: Das macht sie zu einer Art vorverdauten Speise, die ganz leicht verstoffwechselt werden kann. Sie schenkt daher unmittelbar Kraft, ohne den Körper durch Verdauungsschwere zu ermüden. Sämtliche Gemüse- und Obstarten, Fleisch, Fisch, Getreide und Milchprodukte lassen sich darin verpacken; am besten an der Jahreszeit und dem regionalen Angebot ausgerichtet.
Das wohl bekannteste Beispiel für eine medizinische Wirksamkeit von Suppen ist die Hühnerbrühe. Es ist heute erwiesen, dass sie Erkältungen lindert: Das enthaltene Eiweiß Cystein hemmt Entzündungen der Atemwege und lässt Schleimhäute abschwellen, Zink stärkt das Immunsystem. Das mitgekochte Gemüse liefert Senföle, die vor Heiserkeit und Halsweh schützen (Lauch), Terpene gegen Halsweh (Sellerie), ätherische Öle gegen Schnupfen (Petersilie) und Wirkstoffe gegen Viren und Bakterien (Zwiebeln, Möhren). Zusammen mit einem guten Suppenhuhn muss das Gemüse dann für mindestens 90 Minuten erhitzt werden (siehe Hühnerbrühe auf Seite 19). In Japan konnten Forscher sogar eine blutdrucksenkende Wirkung der Hühnersuppe zeigen.
Dabei sind Suppen als Heilmittel alles andere als eine Neuentdeckung: Schon Hippokrates, berühmtester Arzt der Antike, verschrieb Suppen als Medizin; die „Hippokrates-Suppe" ist bis heute bekannt. Auch Hildegard von Bingen empfahl verschiedene Suppen zur Gesundung und bei Erschöpfungszuständen, beispielsweise eine Dinkelsuppe oder auch eine Hühnersuppe bei Grippe. Ihre „Ernährungstherapie" bzw. die „Hildegard-Küche" ist heute wieder sehr gefragt und weithin bekannt.

Ich denke, dass wir im Grunde keine wissenschaftlichen Belege dafür brauchen, wann uns eine Suppe guttut. Wir dürfen uns einfach auf unsere Instinkte verlassen und ureigenen Bedürfnissen folgen. Beim Hineinhören in den eigenen Körper lässt sich erspüren, welche Nahrung wir gerade brauchen. Wenn uns jemand mit Liebe eine gute Suppe kocht, fühlen wir uns umsorgt und geborgen wie ein kleines Kind. Diese Wohltat für die Seele bedeutet schon die halbe Genesung. Bestimmt hätte auch Hildegard von Bingen an diesem Gedanken ihre Freude.

Klare Hühnerbrühe mit frischem Ingwer

Für 1–2 Portionen

500 ml tiefgefrorene Hühnerbrühe mit oder ohne Einlagen (Rezept auf Seite 19)
1 cm Ingwer
Salz bei Bedarf

Wenn ich eine Erkältung habe, hole ich mir eine Portion selbst gekochter Hühnerbrühe aus dem Tiefkühlfach (Rezept auf Seite 19) und koche sie mit frischem Ingwer auf. Für eine Hühnerbrühe wurde die medizinische Wirksamkeit bei Husten, Schnupfen und Halsweh belegt (siehe Text links). Der Ingwer hilft zusätzlich gegen Viren und Entzündungen.

■ Die Hühnerbrühe in einem Topf bei sanfter Hitze zugedeckt auftauen lassen. Den Ingwer schälen und fein reiben, zur Suppe geben und mit aufkochen. Die Brühe bei Bedarf mit Salz abschmecken und möglichst heiß Schluck für Schluck löffeln oder trinken.

Tipp

Hühner- und Gemüsebrühe bereite ich als Vorrat zu und friere sie in großen Joghurtbechern (500 ml) ein. Die Becher beim Einfrieren stabil aufstellen, sodass nichts ausläuft.

Selleriecremesuppe mit Kürbisschiffchen

vegetarisch

Für 2 Portionen

300 g Knollensellerie
1 kleine Zwiebel
2 kleine Kartoffeln
1/2 Apfel
4 EL Olivenöl
500 ml Gemüsebrühe (Rezept auf Seite 17)
Salz
Majoran
200 g Butternuss- oder Hokkaidokürbis
frisch geriebene Muskatnuss
50 ml Sahne
frische Petersilie
edelsüßes Paprikapulver

Sellerie beruhigt sowohl einen gereizten Magen als auch angespannte Nerven. Schon Hippokrates, berühmtester Arzt der Antike, empfahl Sellerie als Heilnahrung bei „flatternden Nerven". Auch Kartoffeln sind langfristig gegen Bluthochdruck wirksam, Kürbis ist gut fürs Herz.

■ Sellerie, Zwiebel, Kartoffeln und Apfel schälen, putzen und klein schneiden.

■ 2 EL Olivenöl in einem Topf erhitzen und das Gemüse bei starker Hitze unter Rühren einige Minuten anbraten. Die Gemüsebrühe dazugießen, mit Salz und Majoran würzen. Bei sanfter Hitze zugedeckt etwa 20 Minuten köcheln lassen.

■ Den Kürbis schälen, halbieren und die Kerne mit einem Esslöffel herauskratzen. Das Kürbisfleisch in schmale Spalten schneiden. 2 EL Olivenöl in einer Pfanne erhitzen und die Kürbisschiffchen bei mittlerer Hitze anbraten, bis sie weich sind. Dabei ein Mal behutsam wenden, mit Salz und Muskatnuss würzen.

■ Den Suppentopf von der heißen Herdplatte ziehen. Die Sahne dazugießen und die Suppe mit einem Stabmixer pürieren. Nochmals kurz erhitzen, Petersilie waschen, trocken schütteln und klein schneiden. Die Suppe mit etwas Paprikapulver bestäuben und mit Petersilie garnieren. Mit den Kürbisschiffchen zusammen servieren (siehe Tipp).

Tipp

Die Kürbisschiffchen entweder getrennt zur Suppe essen oder in kleine Würfel schneiden und mit der Selleriecremesuppe vermischen.

vegetarisch

Brennnesselsuppe

Für 2 Portionen

2 Zwiebeln
4 Handvoll Brennnesseltriebe (siehe Tipp)
2 EL Olivenöl
2 EL Weizenmehl
500 ml Gemüsebrühe (Rezept auf Seite 17)
Salz
Pfeffer aus der Mühle
Kerbel
frisch geriebene Muskatnuss
2 EL Sauerrahm
Schnittlauchröllchen, Kresse oder essbare Blüten, z. B. Borretsch

Ab März/April kann man sie wieder ernten: junge, urgesunde Brennnesseltriebe. Sie reinigen Blut und Körper und bringen den Organismus wieder in Schwung. Nehmen Sie doch einfach beim nächsten Spaziergang Handschuhe, Schere und Stofftasche mit – dann steht dem vitalisierenden Genuss nichts mehr im Wege!

■ Die Zwiebeln schälen und klein würfeln. Die Brennnesseltriebe waschen, mit heißem Wasser überbrühen (dann brennen sie nicht mehr), in einem Sieb abtropfen lassen und klein hacken.

■ Das Olivenöl in einem Topf erhitzen und die Zwiebelwürfel bei sanfter Hitze unter gelegentlichem Rühren etwa 8 Minuten anbraten. Mit Mehl bestäuben und gut verrühren.

■ Nach und nach portionsweise mit kalter Gemüsebrühe aufgießen, dabei immer wieder mit dem Schneebesen rühren. Aufkochen lassen und die Brennnesseltriebe dazugeben. Das Wildgemüse etwa 10 Minuten zugedeckt sanft köcheln lassen.

■ Mit Salz, Pfeffer, Kerbel und Muskatnuss würzen. Die Suppe mit einem Stabmixer pürieren. Den Sauerrahm dazugeben, nochmals kurz durchmixen und die Suppe abschmecken.

■ Mit Schnittlauch, Kresse oder Borretschblüten garnieren.

Tipp

Sie können das gesamte obere Drittel der Brennnesseln mitsamt Stängel verarbeiten.

vegan

Magische Kohlsuppe

Für 2 Portionen

350 g Weißkohl
1 Stange Staudensellerie
2 Knoblauchzehen
2 EL Olivenöl
400 ml Gemüsebrühe (Rezept auf Seite 17)
1/2 TL Rosmarinnadeln
Salz
4 EL Mais (frisch oder TK)

Die „magische Kohlsuppendiät" ist in aller Munde und gilt als wirkungsvolle Crash-Diät. Dabei sollte man die Kur nicht länger als eine Woche durchführen und die Suppen mit verschiedenen Gemüsearten zubereiten, um eine einseitige Ernährung zu vermeiden. Wichtig sind verdauungsfördernde Kräuter wie Liebstöckel, Rosmarin, Kümmel oder Ingwer. Ich persönlich lege im Frühjahr gerne ein paar Kohlsuppentage ein und empfinde das als Wohltat. Mit dem Mais in diesem Rezept erfüllen wir nicht die ganze Magie – wir werden aber satt.

■ Den Weißkohl von den äußersten Blättern befreien und das Kraut in mundgerechte Stücke schneiden. In einem Sieb waschen und abtropfen lassen.

■ Staudensellerie waschen, putzen, schälen, längs halbieren und in feine Ringe schneiden. Etwas Selleriekraut für die Garnitur beiseitelegen. Knoblauchzehen schälen und fein hacken.

■ Das Olivenöl in einem Topf erhitzen. Knoblauch, Weißkohl und Sellerie einige Minuten unter Rühren bei mittlerer Hitze anbraten.

■ Mit der Gemüsebrühe aufgießen, mit Rosmarin und Salz würzen und zugedeckt 20 bis 30 Minuten sanft köcheln lassen, bis der Kohl die gewünschte Bissfestigkeit aufweist. Frische Maiskörner dabei mitkochen lassen, TK-Mais kurz vor Ende der Garzeit dazugeben und nur kurz erhitzen, damit er bissfest bleibt. Die Suppe abschmecken und mit etwas Selleriekraut garnieren.

Tipp

Bei der Kohlsuppendiät am besten gleich eine größere Menge Kohlsuppe auf Vorrat kochen und täglich neu variieren. Wer die Suppe dagegen aus reiner Lust verspeist, lässt noch 3 EL Instant-Polenta und 200 ml mehr Flüssigkeit mitkochen.

Kaltes Gurken-Kräuter-Süppchen

vegetarisch

Für 2 Portionen

400 g Salatgurke
1/2 Knoblauchzehe
125 g Naturjoghurt
1–2 EL Olivenöl
1 EL Zitronensaft
Salz
Chilipulver nach Geschmack
frischer Oregano und Dill
Pfefferminze nach Geschmack
Schale von 1/4 unbehandelten Zitrone

Ich liebe das Aroma und die belebende Wirkung von Zitrone und frischen Kräutern. Zusammen mit der kühlenden Salatgurke und dem Joghurt wird dieses Süppchen an heißen Tagen zu einem wahren Muntermacher.

- Die Salatgurke schälen, längs halbieren und die Kerne mit einem Teelöffel herausschaben. Die Gurke in grobe Stücke schneiden und mit dem geschälten, klein geschnittenen Knoblauch in einen Mixer geben.

- Joghurt, Olivenöl, Zitronensaft, Salz, Chilipulver und die gewaschenen, klein gehackten Kräuter dazugeben und fein mixen. Die Suppe abschmecken und kalt stellen.

- Die Zitrone mit heißem Wasser abwaschen. Mit einem Sparschäler dünne, längliche Stücke abschälen und mit einem scharfen Küchenmesser noch schmaler schneiden.

- Die Suppe in Teller oder Gläser füllen, mit den Zitronenschalen und etwas Dill garnieren.

Tipp

Besonders gut dazu passt Thunfisch, z. B. in einem Salat oder auf einem Sandwich.

Suppe zum Frühstück?

Was für uns heute fremd klingt, gehörte im Mittelalter und in der Neuzeit zum ganz normalen Tagesbeginn. Die Suppe zum Frühstück war eine breiige Speise aus Getreide und etwas Gemüse oder Obst (siehe auch „Heißgeliebte Ur-Mahlzeit" auf Seite 34). Gerade in ärmeren, ländlichen europäischen Haushalten war die Suppe am Morgen bis in die 1930er-Jahre weit verbreitet. Die Einbrennsuppe (siehe Seite 142), Milch-, Kartoffel-, Grieß- oder Käsesuppe wurde aus einer Schüssel in der Tischmitte von allen gemeinsam gelöffelt. Basis für diese „Frühsuppe" waren verschiedene Getreidearten, meist war es Gerste. In den reicheren Schichten Europas konnte man dagegen ab dem 17. Jahrhundert den süßen Versuchungen Tee, Kaffee und Kakao nicht widerstehen. Dazu begann die edle Gesellschaft schon bald, Weißbrot mit Butter und Marmelade zu essen. Diese damals neue und exotische Kost entwickelte sich zum „kontinentalen Frühstück", bestehend aus Brot, Butter, Marmelade, Käse und Wurst.

Heute klären uns Ernährungswissenschaftler darüber auf, dass eine gekochte, warme, flüssige Speise am Morgen besonders wohltuend ist, viel Energie schenkt und die Verdauung optimal anregt, ohne den Organismus zu belasten. Die Rückbesinnung spricht sich herum: Ein warmer Getreidebrei zum Frühstück schmeckt gut, ist gesund und liegt voll im Trend.
In Asien ist das längst kein Geheimnis mehr. Dort ist die Suppe am Morgen seit jeher so wichtig wie bei uns das frische Brötchen. Ein Tag in Japan beginnt normalerweise mit einer Schale Misosuppe, in China ist es meist Reis- oder Nudelsuppe. Die Traditionelle Chinesische Medizin (TCM) rät zu einem warmen Frühstück, weil die energiereiche Nahrung durch den Garvorgang ideal für die Verdauung vorbereitet wird. Hauptzutat ist meist Getreide wie Hirse, Hafer oder Reis, das man mit Wasser zu Brei oder Suppe kocht. Zusammen mit Obst, Gemüse und Gewürzen wird es dann entweder süß oder pikant verspeist. Auch das junge europäische Pendant, die Traditionelle Europäische Heilkunde (TEH), empfiehlt ein warmes Getreidefrühstück: Schon eine kleine Portion spendet dem Körper viel Kraft, was sowohl Erwachsene als auch Kinder morgens gut gebrauchen können.

Ja – Brot und Brötchen gehören fest zu unseren europäischen Gewohnheiten. Ich finde aber, dass ein warmes Frühstück einen Versuch wert ist! Gerade ein süßer Getreidebrei mit frischen oder getrockneten Früchten ist einem Müsli schon recht ähnlich und dazu schnell gemacht (Rezept auf Seite 140). Und wer es herzhaft wie die Asiaten machen will, der versucht eine am Vortag gekochte, milde Gemüsesuppe (Seite 68), eine Gerstensuppe (Seite 142) oder eine Misosuppe (Seite 69 und Seite 141). Nur durch Ausprobieren können Sie Ihr Lieblingssüppchen finden – und mit voller Kraft in den Tag starten!

vegan

Hirsesuppe mit Granatapfel

Für 2 Portionen

- 150 g Hirse
- 300 ml Wasser
- Salz
- 500 ml Milch, Kokosmilch oder Wasser
- Nelkenpulver
- Vanillepulver
- 1/2 TL abgeriebene unbehandelte Zitronenschale
- Honig oder Ahornsirup
- 1/2 Granatapfel

Morgens habe ich meist nur wenig Appetit. Wenn ich überhaupt frühstücke, dann warmes Getreide mit Obst. Diese „Kraftnahrung" nehme ich mir auch gerne mal für unterwegs mit.

■ Die Hirse in einem Sieb unter fließendem Wasser waschen. Mit frischem Wasser (300 ml) in einen Topf geben, aufkochen, salzen und etwa 25 Minuten zugedeckt bei wenig Hitze sanft köcheln. Milch, Nelken-, Vanillepulver und Zitronenabrieb dazugeben und die Hirse weitere 10 Minuten zugedeckt sämig köcheln lassen. Mit Honig süßen und abschmecken.

■ Den Granatapfel mit einem scharfen Messer halbieren: am besten in einem Spülbecken, um rote Flecken und Farbspritzer zu vermeiden. Die Kerne mit den Händen oder einem Esslöffel aus dem Gehäuse herauslösen.

■ Die Hirsesuppe in eine Schale gießen und mit den Granatapfelkernen bestreuen.

Tipp

Die Hirse können Sie gut schon am Vorabend kochen. Zu der besonders leckeren Variante mit Kokosmilch passen Ingwer und Zimt.

Misosuppe mit Mangold

vegetarisch

Für 2 Portionen

1 Zwiebel
150 g Mangold
1 Karotte oder Pastinake
1 EL Oliven- oder Maiskeimöl
2–4 EL Gerstengraupen
500 ml Wasser
1–2 EL Misopaste
Salz bei Bedarf

Miso ist eine prima Würzpaste für Suppen und überaus gesund. Neben zahlreichen Nährstoffen und Vitaminen enthält Miso hochwertiges Eiweiß, was nicht nur für Vegetarier wichtig ist. Misosuppen wirken kräftigend, entgiftend und verdauungsfördernd (siehe auch Seite 69).

■ Die Zwiebel schälen und in feine Ringe schneiden. Die Stiele vom Mangold abschneiden, putzen und klein würfeln, die Blätter separat in Stücke schneiden. Jeweils waschen und trocken schleudern.

■ Die Karotte mit einer Gemüsebürste waschen, putzen und grob raspeln.

■ Das Öl in einem Topf erhitzen. Zwiebel, Karotte, Mangoldstiele und Gerstengraupen bei mittlerer Hitze unter Rühren langsam anrösten.

■ Mit dem Wasser aufgießen und etwa 30 Minuten zugedeckt sanft köcheln lassen, bis die Graupen weich sind (Packungsangabe beachten). Nach 15 Minuten Garzeit die zerkleinerten Mangoldblätter dazugeben und mitköcheln lassen.

■ Den Topf von der heißen Herdplatte ziehen und die Misopaste nach und nach in die Suppe einrühren, bis die gewünschte Intensität erreicht ist. Bei Bedarf noch etwas salzen.

Tipp

Um die Vitalstoffe zu erhalten, sollte die Misopaste immer nur kurz erhitzt werden und nicht kochen. Anstelle der Graupen passen auch Reis oder Glasnudeln.

Gerstensuppe mit Speck

Für 2 Portionen

50 g Räucherspeck
1 kleine Zwiebel
1 Karotte
1 Stange Staudensellerie
500 ml Wasser, Gemüse- oder Rinderbrühe (Rezepte auf Seite 17f.)
60 g Rollgerste (Gerstengraupen)
2–3 Wacholderbeeren
1 Lorbeerblatt
Salz
Pfeffer aus der Mühle

Wenn Sie sich matt und müde fühlen, aber dennoch Appetit auf etwas Herzhaftes verspüren: Diese Bauernsuppe basiert auf einem uralten Schweizer Rezept und schenkt neue Kraft. Je nach Jahreszeit und Stimmung gebe ich in diese Variante der „Bündner Suppe" noch Sauerkraut dazu.

■ Den Speck mitsamt Fett klein schneiden. Die Zwiebel schälen und klein würfeln. Die Karotte putzen, waschen und klein schneiden. Den Staudensellerie waschen, putzen, schälen, längs halbieren und in feine Ringe schneiden.

■ Einen Topf erhitzen und den Speck ohne weitere Fettzugabe langsam auslassen. Zwiebel, Karotte und Sellerie dazugeben und unter Rühren anbraten.

■ Das Wasser dazugießen. Die Rollgerste hinzufügen, mit Wacholderbeeren und dem Lorbeerblatt würzen. Die Suppe zugedeckt mindestens 30 Minuten bei sanfter Hitze köcheln lassen, bis die Graupen weich sind (Packungsangabe beachten).

■ Wacholderbeeren und Lorbeerblatt entnehmen, die Suppe mit Salz und Pfeffer abschmecken.

Tipp

Als Alternative zur Gerste verwende ich gerne Dinkelreis; das ist entspelzter und leicht geschliffener Dinkel. Er schmeckt nussig und körnig, ist sehr gesund und wird wie Reis zubereitet – sättigt aber besser aufgrund seines hohen Gehalts an Eiweiß und Ballaststoffen.

vegan

Einbrennsuppe

Für 1 Portion

3 EL Weizenmehl
250 ml Wasser
Salz
Kümmelpulver

Eine Einbrennsuppe ist eine sehr einfache und milde Mehlsuppe, die schon unsere Urgroßmütter zubereitet haben. Auch meine Mutter brachte uns diese Suppe ans Bett, wenn wir Kinder krank waren – sie ist mir immer gut bekommen.

■ Einen Topf erhitzen und das Mehl langsam ohne Fettzugabe unter Rühren goldbraun anrösten.

■ Das Wasser dazugießen, mit Salz und Kümmel würzen. Die Suppe 10 Minuten zugedeckt sanft köcheln lassen.

Tipp

Je nach körperlicher Verfassung kann die Suppe noch mit Butter, Zwiebelwürfeln, Gemüsestücken, Sauerrahm und Schnittlauch aufgepeppt werden.

Hafersuppe

vegan

Für 1 Portion

1 kleine Zwiebel
1 EL Butter
3 EL Haferflocken
250 ml Wasser oder Gemüsebrühe (Rezept auf Seite 17)
Salz

Eine sehr milde Suppe nach altem Rezept, die selbst bei Magenverstimmungen gut vertragen wird. Auch Gesunden und Kindern schmeckt sie überraschend gut!

■ Die Zwiebel schälen und fein hacken. Die Butter in einem Topf erhitzen und die Zwiebel darin anschwitzen.

■ Die Haferflocken dazugeben und unter Rühren anbräunen. Mit Wasser aufgießen, Salz dazugeben und die Suppe 15 Minuten zugedeckt köcheln lassen.

Tipp

Als Gewürze passen Bohnenkraut und Thymian, die mitgekocht werden. Für einen empfindlichen Magen die Suppe besser ohne Gewürze zubereiten!

Suppen für das Fernweh

vegan

Indische Kartoffelsuppe

Für 2 Portionen

4 Kartoffeln
3 Knoblauchzehen
1/2 Chilischote
2 EL Butter oder vegane Margarine
1–2 cm frischer Ingwer
1 TL Kurkumapulver
500 ml Gemüsebrühe (Rezept auf Seite 17)
2–4 Stängel frischer Dill
Salz

Überkommt Sie auch manchmal die Sehnsucht nach einer exotischen Mahlzeit aus einem fernen Land? Mit dieser Suppe können Sie das Fernweh gleich löffelweise stillen. Dazu genügen oft schon fremdländische Gewürze. Hier sind es Kurkuma, Ingwer und Dill, der einst aus Vorderasien zu uns kam und in Indien sehr gern verwendet wird.

■ Die Kartoffeln schälen, kurz mit Wasser abspülen und in Würfel schneiden (ca. 1 cm Durchmesser). Die Knoblauchzehen schälen und fein hacken. Die Chilischote waschen, der Länge nach halbieren, von den Kernen befreien und eine Hälfte in feine Ringe schneiden.

■ Die Butter in einem Topf erhitzen. Knoblauch und Chiliringe unter Rühren kurz anrösten, dann die Kartoffeln dazugeben und einige Minuten mitbraten.

■ Den Ingwer dünn schälen und fein reiben. Mit dem Kurkumapulver in den Topf dazugeben und verrühren.

■ Die Gemüsebrühe dazugießen und die Suppe zugedeckt 15 bis 20 Minuten sanft köcheln lassen, bis die Kartoffeln weich sind.

■ Den Dill waschen und trocken tupfen. Das Kraut von den Stängeln zupfen und grob hacken. Die Suppe salzen, abschmecken und großzügig mit Dill bestreuen.

Tipp

Eine weitere spannende, leicht süßliche Note bekommt die Suppe mit Süßkartoffeln. Sie werden wie Kartoffeln zubereitet, garen allerdings etwas schneller (etwa 10 Minuten).

Erdnuss-Bananen-Suppe

vegan

Für 2 Portionen

30 g geschälte Erdnüsse
1 Zwiebel
1 Knoblauchzehe
1 cm frischer Ingwer
1 EL Butter oder vegane Margarine
1 Banane
Kreuzkümmelpulver
Kurkumapulver
Cayennepfeffer
Zimtpulver
1–2 EL Erdnussbutter
450 ml Gemüsebrühe (Rezept auf Seite 17)
50 ml Sahne
Salz

So schmeckt Afrika! Erdnüsse, Banane und Gewürze verschmelzen hier zu einer herrlich exotischen Mischung. Die einzelnen Geschmacksgeber sind so kräftig, dass es gar nichts ausmacht, wenn Sie das ein oder andere Gewürz gerade nicht dahaben.

■ Eine Pfanne erhitzen und die Erdnüsse ohne Fett unter ständigem Rühren anrösten, bis sie gleichmäßig goldbraun sind. Etwa drei Viertel davon in einem Mörser grobstückig zerstoßen oder grob hacken.

■ Die Zwiebel und den Knoblauch schälen und fein hacken. Den Ingwer schälen und fein reiben.

■ Die Butter in einem Topf schmelzen, Zwiebel und Knoblauch anschwitzen. Die Banane schälen, in Scheiben schneiden, dazugeben und unter Rühren kurz mitbraten.

■ Mit Kreuzkümmel, Kurkuma, Cayennepfeffer, Zimt und Ingwer würzen und gut verrühren. Die Erdnussbutter untermischen.

■ Die Brühe und die grob gehackten Erdnüsse dazugeben und die Suppe zugedeckt bei niedriger Temperatur etwa 30 Minuten köcheln lassen.

■ Die Sahne dazugießen und die Suppe mit einem Schneebesen kräftig verrühren oder mit einem Stabmixer pürieren. Salzen, abschmecken und mit den restlichen Erdnüssen garnieren.

Tipp

Durch die grob zerstoßenen Erdnüsse erhält die Suppe einen leckeren „Crunch". Zusätzlich bieten sich geröstete Erdnüsse als Topping an. Ich mag auch gerne in Butter gebratene Bananen dazu, abgelöscht mit einem Spritzer Zitronensaft.

vegan

Gazpacho mit Wassermelone

Tipp

Alternativ können Sie das Weißbrot wie im Original auch entrinden, kurz in etwas Wasser einweichen und mitpürieren. Passend ist auch gekochter Reis, den man nach dem Pürieren dazugibt. Pikant wird das Gazpacho mit Chili oder einem Spritzer Tabasco.

Für 2 Portionen

250 g Wassermelone (Fruchtfleisch)
1 kleine Zwiebel
1 kleine rote Gemüsepaprika
1/4 Salatgurke
1 große Tomate
1 EL Weiß- oder Rotweinessig
Salz
1–2 EL Olivenöl
2 Stängel frischer Basilikum, Petersilie oder Koriander
2 Stücke Ciabatta

Dieser Suppenklassiker aus Spanien wird hier mit Wassermelone angereichert. An heißen Sommertagen sorgt das fruchtig-süße Aroma der kalten Suppe für einen besonders erfrischenden Genuss! Dazu gibt es Ciabatta (siehe Tipp).

■ Das Fruchtfleisch der Wassermelone aus der Schale schneiden, entkernen und in grobe Stücke schneiden.

■ Die Zwiebel schälen und klein würfeln. Paprika waschen, von Strunk, weißen Trennwänden und Kernen befreien und ebenfalls klein schneiden. Die Gurke schälen und in Stücke schneiden.

■ Die Tomate mit kochendem Wasser überbrühen, schälen, vom Strunk befreien und klein schneiden.

■ Melone, Zwiebel, Gurke und Tomate zu jeweils zwei Dritteln in einen Mixer füllen. Essig, Salz und Olivenöl dazugeben. Die Suppe fein pürieren und abschmecken.

■ Die restlichen Gemüsestücke bei Bedarf feiner schneiden und mit der pürierten Suppe vermischen, dabei einige Stückchen für die Garnitur verwenden.

■ Die Kräuter waschen, trocken tupfen, fein hacken und darüberstreuen. Das Ciabatta dazureichen.

Sellerie-Curry mit Vanille und Sesamrahm

vegetarisch

Es ist wohltuend, den Alltag mal ganz abzuschalten. Mit Reise-Erinnerungen funktioniert das meist gut: Zurücklehnen, Augen schließen und die eigenen Urlaubsfilme im Kopf abspielen lassen. Um auch die Sinne in eine andere Welt zu entführen, gibt es glücklicherweise Speisen wie dieses Curry mit seinen indischen Zutaten, Düften und Aromen.

Für 2 Portionen

1 kleine Zwiebel
2 Knoblauchzehen
1 cm frischer Ingwer
1 Knollensellerie (ca. 400 g)
2 Karotten
3 EL Rapsöl oder Butter
Kreuzkümmelpulver
Madras Curry
Vanillepulver
500 ml Wasser
Salz
2 EL Sesamsamen
2 EL Sauerrahm

■ Zwiebel und Knoblauch schälen und klein hacken. Den Ingwer schälen und fein reiben. Den Sellerie schälen, putzen und in Würfel schneiden (ca. 1 cm groß). Die Karotten putzen, waschen oder schälen. Eine halbe Karotte beiseitelegen, den Rest in Würfel schneiden.

■ Das Öl in einem Topf erhitzen. Zwiebeln, Knoblauch, Ingwer, Sellerie und Karotten bei mittlerer Hitze einige Minuten anbraten, dabei öfter umrühren. Mit Kreuzkümmel, Madras Curry und Vanille würzen. Kurz durchmischen und gleich mit dem Wasser aufgießen. Das Curry salzen und zugedeckt 20 Minuten sanft köcheln lassen, bis das Gemüse weich ist.

■ Den Sesam in einer Pfanne ohne Fett goldbraun anrösten. Dabei häufig rühren, damit die Samen nicht verbrennen.

■ Die restliche halbe Karotte fein reiben und in einer kleinen Schüssel mit dem Sauerrahm verrühren. Den gerösteten Sesam und etwas Salz dazugeben und zu einer kompakten Masse vermischen.

■ Das Curry abschmecken, auf Teller verteilen und mit je 1 Esslöffel Sesamrahm garnieren.

Tipp

Dazu passt Fladenbrot. Wer das Curry noch pikanter mag, würzt zusätzlich mit Cayennepfeffer. Der Sesamrahm neutralisiert die Schärfe auf angenehme Weise.

Marokkanischer Eintopf mit Couscous

Für 2 Portionen

1 Zwiebel
2 Knoblauchzehen
1 Kartoffel
2 Karotten
1 kleine Rote Bete
200 g Rind- oder Lammfleisch
1 TL schwarze Senfkörner
1 EL Butter
2 TL Garam Masala
1 TL Kreuzkümmelpulver
Salz
600 ml Rinder- oder Gemüsebrühe (Rezepte auf Seite 17f.)
150 g Couscous
5–10 Minzeblätter nach Geschmack
2–4 EL Naturjoghurt

Schon allein der wunderbare Duft der fein abgestimmten orientalischen Gewürze bringt Exotik in die heimischen vier Wände.

■ Zwiebel, Knoblauch und Kartoffel putzen und schälen, die Karotten putzen und mit einer Gemüsebürste waschen. Knoblauch und Zwiebel klein würfeln, Kartoffel und Karotten mundgerecht klein schneiden.

■ Die Rote Bete schälen und klein schneiden. Dabei eventuell Einmalhandschuhe benutzen, um ein Abfärben zu vermeiden.

■ Rind- oder Lammfleisch unter fließendem Wasser waschen, trocken tupfen, bei Bedarf von Fett und Knochen befreien und in kleine Stücke schneiden.

■ Die Senfkörner ohne Fettzugabe in einem Topf erhitzen, bis sie aufspringen. Den Topf von der heißen Herdplatte nehmen und etwas auskühlen lassen. Die Butter hinzufügen und wieder erhitzen.

■ Zwiebel, Knoblauch, Karotten und Kartoffel dazugeben und anrösten, dabei öfter umrühren. Nach einigen Minuten das Fleisch dazugeben und rundum anbraten. Mit Garam Masala, Kreuzkümmel und Salz würzen, mit der Brühe aufgießen. Die Rote Bete dazugeben.

■ Den Eintopf zugedeckt mindestens 60 Minuten sanft köcheln lassen, bis das Fleisch weich ist, dann abschmecken.

■ Den Couscous mit kochend heißem Wasser übergießen und zugedeckt etwa 5 Minuten quellen lassen (siehe Packungsangabe), mit einer Gabel auflockern und salzen.

■ Die Minzeblätter waschen, trocken tupfen, klein hacken und unter den Eintopf rühren. Abschmecken, auf Teller verteilen und jeweils mit 1–2 EL Naturjoghurt und etwas Minze garnieren. Den Couscous in Schalen dazureichen.

Tipp

Die orientalische Küche fügt gerne noch süße Trockenfrüchte hinzu, beispielsweise Cranberrys, Rosinen oder Gojibeeren. In einer Tajine geschmort, schmeckt der Eintopf noch besser – und das Auge freut sich mit.

Multikulti-Suppen

Ich liebe regionale Produkte und saisonales Kochen nach den Jahreszeiten. Aber: Wie bereichernd und beglückend ist doch die Welt der exotischen Aromen und Gewürze! Unsere heutige Esskultur erlaubt es, in ganz fremde Genusswelten einzutauchen. Wenn ich exotische Suppen koche und esse, erlebe ich eine besondere Entspannung und eine Konzentration auf dieses Essen, ein fast schon andächtiges Genießen der ungewohnten Kost. Speisen aus fernen Ländern wecken Gefühle von Zufriedenheit, auch Sehnsucht und Fernweh kommen leicht auf – was aber im besten Fall durch das Essen selbst Löffel für Löffel gestillt werden kann. Man gerät ins Träumen, fühlt sich in vergangene Reisen zurückversetzt, und plötzlich kommt wohlige Urlaubsstimmung in die heimischen vier Wände.

Auf einer Reise nach Thailand im Jahr 1987 habe ich zum ersten Mal authentische exotische Aromen kennengelernt. Zuvor gab es in meinem Leben nur die wenig fremdländische „Pasta asciutta" meiner Großmutter und „Hähnchen süßsauer" aus dem Chinarestaurant. In den 1980er-Jahren kam die chinesische Küche bei uns groß in Mode. Hobbyköche aus meinem Bekanntenkreis übertrumpften sich bei Einladungen gegenseitig mit den neuesten asiatischen Kreationen. In den Restaurants standen plötzlich thailändische Suppen auf der Tageskarte. Dann fand ich auf einer hoch gelegenen Berghütte in Österreich nicht wie erwartet eine Rinder- oder eine Erbswurstsuppe auf der Karte – sondern eine Karotten-Ingwer-Suppe mit Kokosmilch. Das war schon fast ein Kulturschock, über den ich allerdings herzlich lachen konnte. Tatsächlich ist es so, dass unsere asiatischen oder orientalischen Gerichte und Zutaten meist nicht mehr allzu viel mit den ursprünglichen Rezepten zu tun haben. Der Geschmack der fremdländischen Speisen wurde unseren europäischen Gewohnheiten angepasst, sodass zwischen Original und Kopie mitunter Welten liegen. Verständlich, denn „die Geschmäcker sind verschieden": Nur wenige Europäer kommen beispielsweise mit der Schärfe asiatischer Gerichte zurecht, von Zutaten wie Insekten oder Schlangen mal ganz abgesehen.

So ist es ganz natürlich und aus meiner Sicht auch wünschenswert, dass sich jeder sein eigenes Multikulti-Süppchen kocht. Meine Basis bleiben die regionalen und saisonalen Zutaten. Heimisches Gemüse und Obst weisen zur Erntezeit genau die Vitalstoffe auf, die unser Körper gerade zu dieser Jahreszeit benötigt. Auch Fleisch, Fisch und Getreide kommen bei mir meist aus der Region. Diese Basis bereichere ich dann nach Lust und Laune mit Zutaten aus fernen Ländern, beispielsweise mit Kichererbsen, Quinoa oder Amarant. Gerade im Winter dürfen es auch gerne mal Bananen, Erdnüsse oder ein Granatapfel sein. Fremdländische Aromen und Gewürze haben es mir besonders angetan, beispielsweise Kokosmilch, Zitronengras, Misopaste, Koriander, Zimt, Ingwer oder Madras Curry. Allein mit diesen Geschmacksgebern lassen sich ganz wunderbare neue Genusswelten erobern!

Wir essen heute global und schätzen die Vielfalt der Kulturen, die Zugänglichkeit der Aromen aus fernen Ländern – die wir uns mit einer exotischen Suppe jederzeit in die eigenen vier Wände holen können. So nutze ich beispielsweise heimische Forellen für meine „Kokosmilchsuppe" (Seite 160) oder kombiniere in der „Fischsuppe mit Süßkartoffeln" (Seite 156) exotisches Kurkuma mit heimischen Wacholderbeeren. Das sind Multikulti-Suppen nach meinem Geschmack!

Fischsuppe mit Süßkartoffeln

Für 2 Portionen

1 kleine Zwiebel
2 Anchovis in Öl
1 Stange Zitronengras
1 Süßkartoffel
1 Karotte
1–2 EL Olivenöl
50 ml Weißwein
400 ml Gemüsebrühe oder Fischbrühe bzw. -fond (Rezepte auf Seite 17 bzw. 19)
1–2 Wacholderbeeren
Kurkumapulver
Salz
200 g Fischfilet (z. B. frischer Schellfisch)
einige Stängel Petersilie
Olivenöl nach Geschmack

Eine Fischsuppe gönnt man sich oft nur im Urlaub – warum eigentlich? Ich wünsche Ihnen, dass Sie schon beim ersten Löffel die Wellen rauschen hören!

■ Die Zwiebel schälen und fein schneiden. Die Anchovis in kleinere Stücke schneiden. Das Zitronengras von den äußeren Blättern befreien und waschen. Das untere, helle Drittel abschneiden und in grobe Scheiben schneiden. Mit einem Messerrücken oder im Mörser etwas flach klopfen, damit sich das Aroma entfaltet.

■ Süßkartoffel und Karotte putzen, schälen und klein würfeln. Das Olivenöl in einem Topf erhitzen. Zwiebel, Anchovis, Zitronengras, Süßkartoffel und Karotte bei mittlerer Hitze unter Rühren anbraten.

■ Den Weißwein dazugießen und bei sanfter Hitze und geöffnetem Topfdeckel etwa auf die Hälfte reduzieren lassen. Mit Gemüsebrühe oder Fischfond aufgießen, Wacholderbeeren, Kurkuma und Salz hinzufügen. Die Suppe etwa 20 Minuten bei sanfter Hitze zugedeckt köcheln.

■ Den Fisch in größere, mundgerechte Stücke teilen oder schneiden, zur Suppe geben und 5 bis 10 Minuten zugedeckt mitköcheln. Petersilie waschen, trocken tupfen und klein hacken.

■ Die Wacholderbeeren und das Zitronengras aus der Suppe nehmen und entsorgen. Jeweils etwa 3 bis 4 Fischstücke aus der Suppe nehmen und auf Suppenteller verteilen. Die Suppe pürieren, abschmecken und zum Fisch in die Teller gießen. Mit Petersilie bestreuen und nach Geschmack etwas Olivenöl darüberträufeln.

Tipp

Dazu passt frisches Baguette, das natürlich auch in die Suppe getunkt werden darf.

Glasnudelsuppe mit Korianderpesto

vegan

Für 2 Portionen

2 EL geschälte Sesamsamen
2 Knoblauchzehen
2–3 Stängel Koriander
2 EL Olivenöl
Salz
100 g Austernpilze
1 Zwiebel
1 Chilischote
100 g Pak Choi oder Chinakohl
100 g Glasnudeln
2 EL Maiskeimöl
500 ml Gemüsebrühe (Rezept auf Seite 17)

Glasnudeln aus Mungobohnen gehören zu den Suppenzutaten, die ich immer griffbereit in meinem Vorratsregal stehen habe. Die verwendeten Gemüsearten können Sie nach Geschmack austauschen – das Korianderpesto verleiht der Suppe die richtige Würze.

■ Für das Pesto den Sesam ohne weitere Fettzugabe in einer Pfanne bei mittlerer Temperatur unter ständigem Rühren anrösten (siehe Tipp). Den Knoblauch schälen und fein hacken. Den Koriander waschen, trocken tupfen, Blätter abzupfen und fein schneiden. Sesam, Knoblauch und Koriander mit Olivenöl und Salz in einem Mörser zerstoßen, bis eine feine Paste entsteht.

■ Die Austernpilze putzen und der Länge nach in kleine Stücke schneiden. Die Zwiebel schälen und in feine Ringe schneiden. Die Chilischote waschen, halbieren, nach Geschmack entkernen und in feine Ringe schneiden.

■ Pak Choi waschen, putzen, vom Strunkende befreien und je nach Größe halbieren oder vierteln. Chinakohl putzen, halbieren, vom Strunk befreien, in Streifen schneiden, waschen und trocken schleudern.

■ Die Glasnudeln in einer Schüssel mit kochendem Wasser übergießen und etwa 10 Minuten ziehen lassen (Packungsangabe beachten). Durch ein Sieb abgießen und abtropfen lassen.

■ Das Öl in einem Topf erhitzen. Zwiebeln, Austernpilze, Pak Choi oder Chinakohl kurz anbraten, die Hälfte des Korianderpestos dazugeben und mit der Gemüsebrühe aufgießen. Chili und Salz dazugeben, gut umrühren. Die Suppe etwa 10 Minuten bei niedriger Temperatur zugedeckt köcheln lassen und abschmecken.

■ Die Glasnudeln auf Suppengefäße verteilen und mit der Suppe übergießen. Mit dem restlichen Korianderpesto garnieren.

Tipp

Zu der Suppe passen Fischklößchen (Seite 75), gebratene Garnelen (Seite 160) oder Frühlingsrollen. Da man gerösteten Sesam gut in einem Schraubglas im Kühlschrank aufbewahren kann, bereite ich oft gleich mehr zu und verwende den Rest für eine weitere Suppe oder ein Salatdressing.

Orientalische Suppe mit Lammknödeln

FÜR 2 PORTIONEN

ERGIBT CA. 18 KLEINE KNÖDEL

1 kleine Zwiebel
1–2 EL Olivenöl
200 g Lammhackfleisch
1 Knoblauchzehe
frische Minze oder Petersilie nach Geschmack
2 Eier
2 EL Semmelbrösel
Zimtpulver
Salz
Pfeffer aus der Mühle
500 ml Rinder- oder Gemüsebrühe (Rezepte auf Seite 17f.)
2 cl Zitronensaft

Als mein Vater vor etwa 30 Jahren von einer Reise aus dem Orient zurückkehrte, schwärmte er von einer ganz besonderen Suppe. Er beschrieb das Rezept immer wieder, sodass ich ihm das Gericht eines Tages als Überraschung serviert habe. Über das Suppengeschenk hat er sich sehr gefreut.

■ Die Zwiebel schälen und fein hacken. Das Olivenöl in einer kleinen Pfanne erhitzen, die Zwiebel darin glasig werden lassen und beiseitestellen.

■ Das Lammhackfleisch in eine Schüssel geben. Die Knoblauchzehe schälen, durchpressen und hinzufügen. Minze oder Petersilie waschen, trocken tupfen und klein schneiden. Zusammen mit der angerösteten Zwiebel, 1 Ei, Semmelbröseln, Zimt, Salz und Pfeffer zum Lammfleisch geben. Gründlich durchmischen und mindestens 15 Minuten ruhen lassen.

■ Die Hände mit Wasser anfeuchten und kleine Knödel aus der Masse formen. Die Brühe erhitzen, aber nicht kochen und die Knödel 10 bis 15 Minuten darin garen.

■ 1 Ei in einer kleinen Schüssel aufschlagen. Den Zitronensaft und etwas Salz dazugeben und mit einem Schneebesen gut durchrühren. Langsam in die Suppe gießen, dabei mit dem Schneebesen weiterrühren. Die Suppe abschmecken, auf Gefäße verteilen, mit Petersilie oder Minze garnieren und gleich servieren.

TIPP

Zu dieser Suppe esse ich gerne Schwarzbrot mit frischen Tomaten (siehe unten). Wer dem Orient lieber treu bleiben will, wählt ein Taboulé (Seite 120) oder Sesamcracker mit Hummus (Kichererbsenpaste).

Tomaten-Doppeldecker

vegan

FÜR 2 BROTE

2 Scheiben Schwarzbrot
2 EL Quark
2 EL Crème fraîche
Salz
2–4 Salatblätter
1–2 Tomaten

■ Die beiden Brotscheiben halbieren. Den Quark mit der Crème fraîche vermischen und salzen. Die Salatblätter waschen und trocken schleudern. Die Tomaten waschen, vom Strunk befreien und in Scheiben schneiden.

■ Die 4 Brotscheiben großzügig mit der Quarkmischung bestreichen, je 1 Tomatenscheibe darauflegen. Auf 2 Brotscheiben 1 Salatblatt geben und die anderen beiden Brotscheiben jeweils darüberlegen, vorsichtig festdrücken.

Kokosmilchsuppe mit Fisch und Dinkelreis

Für 2 Portionen

100 g Dinkelreis (siehe Tipp auf Seite 142) oder Reis
200 g Fischfilet ohne Gräten (z. B. Seelachs, Forelle, Kabeljau)
2 EL Fischsoße, Soja- oder Worcestershire-soße
2 Stangen Zitronengras
1 cm Galgant oder Ingwer
1 Knoblauchzehe
2 Stängel frischer Koriander (möglichst mit Wurzel)
1 Chilischote
3 EL Maiskeimöl
400 ml Kokosmilch
100 ml Wasser
2–4 Garnelen
1–2 EL Sojasoße

Diese asiatische Suppe mit viel Kokosmilch, Zitronengras und Galgant esse ich am liebsten in aller Ruhe. Dann verleiht sie meinen Gedanken Flügel und trägt sie mit Leichtigkeit in ferne Urlaubsgefilde. Da ich gerne heimisches Forellenfilet dafür verwende, ist es eine Art „Multikulti-Suppe" (siehe Seite 154).

■ Dinkelreis oder Reis nach Packungsangabe garen. Das Fischfilet waschen, trocken tupfen und in mundgerechte Stücke schneiden. Mit der Fischsoße in eine Schüssel geben, durchmischen und zugedeckt etwa 30 Minuten im Kühlschrank marinieren lassen.

■ Das Zitronengras von äußeren Blättern und Strunk befreien und waschen. In etwa 5 cm lange Stücke schneiden und mit einem Messerrücken oder im Mörser etwas flach klopfen, damit sich das Aroma entfaltet.

■ Galgant oder Ingwer und Knoblauch schälen und in feine Scheiben schneiden. Die Korianderstängel mit Wurzel gut waschen und trocken tupfen, sehr fein schneiden. Die Chilischote waschen, halbieren, vom Stielansatz befreien, nach Wunsch entkernen und in feine Ringe schneiden.

■ 1 EL Öl in einem Topf erhitzen. Knoblauch, Galgant oder Ingwer, Zitronengras und Koriander bei wenig Hitze einige Minuten anbraten, bis sich das Aroma entfaltet. Kokosmilch und Wasser dazugießen. Chili und die marinierten Fischstücke hinzufügen und die Suppe bei sanfter Hitze etwa 5 Minuten köcheln.

■ Die Garnelen waschen und trocken tupfen (siehe Tipp). 2 EL Öl in einer Pfanne erhitzen und die Garnelen auf beiden Seiten insgesamt 5 Minuten anbraten. Mit Sojasoße ablöschen.

■ Die Zitronengrasstücke aus der Suppe entnehmen. Den Dinkelreis in die Suppenschalen geben oder als Beilage dazuessen. Die Suppe abschmecken, in die Schalen gießen und mit den Garnelen und Korianderblättern garnieren.

Tipp

Die Garnelen können Sie im Ganzen servieren oder vor dem Braten schälen. Dann am Rücken etwas einschneiden und den dunklen Darm herauslösen.

Avocadosuppe mit gebratenen Okraschoten

vegan

Für 2 Portionen

1 reife, weiche Avocado
1 Zwiebel
etwa 4 EL Olivenöl
1 EL Weizenmehl
500 ml Gemüsebrühe (Rezept auf Seite 17)
etwa 1 EL frischer Zitronensaft
Salz
Pfeffer aus der Mühle
1 TL unbehandelte Zitronenschale
etwas Olivenöl
200 g Okraschoten
1 Knoblauchzehe
Fladenbrot

Okraschoten sind für uns sehr exotisch – dabei werden sie fast im gesamten Rest der Welt häufig verzehrt. Man nennt sie auch „Ladyfingers", was wohl die Größe der Schoten beschreibt. Für Suppen und Soßen werden Okras gern kleiner geschnitten, da der austretende Saft sämig bindet! Auch als Fingerfood für Neugierige sind sie köstlich.

■ Die Avocado halbieren und entkernen. Das Fruchtfleisch mit einem Esslöffel aus der Schale lösen und in eine Schüssel mit hohem Rand geben. Die Zwiebel schälen und fein hacken.

■ 1 EL Öl in einem Topf erhitzen und die Zwiebel unter gelegentlichem Rühren glasig werden lassen. Das Mehl dazugeben und gut verrühren. Mit 300 ml Gemüsebrühe aufgießen und unter ständigem Rühren mit dem Schneebesen aufkochen lassen.

■ Die restlichen 200 ml Gemüsebrühe etwas erwärmen, zur Avocado in die Schüssel geben und pürieren. Den Zitronensaft dazugießen und die Avocadobrühe zur Suppe in den Topf gießen, mit dem Schneebesen gut verrühren. Die Suppe erhitzen, aber nicht kochen. Mit Salz und bei Bedarf mehr Zitronensaft abschmecken. Vor dem Servieren mit Pfeffer und Zitronenabrieb bestreuen, mit etwas Olivenöl beträufeln.

■ Die Okraschoten sorgfältig waschen, nach Wunsch der Länge nach halbieren. Knoblauch schälen und in dünne Scheiben schneiden. 1 bis 2 EL Olivenöl in einer Pfanne erhitzen. Knoblauch und Okraschoten unter gelegentlichem Rühren etwa 15 Minuten bei wenig Hitze anbraten, bis die Schoten gar und kross sind. Auf Tellern anrichten und mit dem Fladenbrot zur Suppe dazuessen.

Tipp

Auch die spanischen grünen Mini-Paprikas (Pimientos de Padrón) sind als Fingerfood zu einer Suppe sehr empfehlenswert. Sie werden auf dieselbe Weise zubereitet.

7

Rezepte

Adressen

Literatur und weitere Informationen

Haslinger, Ingrid: Dampf stieg aus dem Topf hervor. Eine Kulturgeschichte der Suppen aus aller Welt. Mandelbaum Verlag, Wien 2010

Ruf, Fritz: Die Suppe in der Geschichte der Ernährung. In: Bitsch, Irmgard; Ehlert, Trude; von Ertzdorff, Xenja: Essen und Trinken in Mittelalter und Neuzeit, Seite 165–182. Jan Thorbecke Verlag, Sigmaringen 1987

Schurich, Martina: Essen to go. Selbstgemacht und köstlich. Ideal zum Mitnehmen. Dort-Hagenhausen-Verlag, München 2014

Thorwald, Ewe: Das hungrige Hirn. In: Bild der Wissenschaft online, Heft 7/2009, S. 26

Wrangham, Richard: Feuer fangen. Wie uns das Kochen zum Menschen machte – eine neue Theorie der menschlichen Evolution. DVA Verlag, München 2009

Deutsches Suppen-Institut:
www.suppeninstitut.de

Besonders empfehlenswerte Suppenküchen

www.muenchner-suppenkueche.de
www.lazoupa.ch
www.zuppa.at

Geschirr und Accessoires

Kunstgärtnerei Doll's Vis-à-Vis
Nonntaler Hauptstraße 108
A–5020 Salzburg
Tel. 00 43/662/82 18 29 30
www.doll-salzburg.at

Porzellan Werkstatt Thomas Berktold
Viaduktbogen 132
A–6020 Innsbruck
Tel. 00 43/650/7 84 04 37
www.porzellanwerkstatt.at

Porzellanwerkstätte Peter M. Fradl
Mühleistraße 11
A–5081 Anif bei Salzburg
Tel. 00 43/62 46/7 47 85
www.fradl.com

Anschrift der Autorin

Martina Schurich MA
ARTISAN – for good living
Agentur für Werbung und Gastrosophie
Morzger Strasse 79B
A–5020 Salzburg
mschurich@aon.at

Bildnachweis

123 RF
U4 klein rechts, S. 5 oben, 76 oben links, 77 oben links

Fotolia
S. 16, 17, 124, 164 unten rechts

Living4media
S. 76 oben rechts, unten links, 77 unten rechts, 164 beide oben, 165 beide oben

Plainpicture
S. 45, 54 groß, 76 unten rechts, 77 oben rechts, unten links, 164 unten links

Martina Schurich
U4 klein links, mitte, S. 4 beide, 5 unten, 8, 9, 10 groß, 10 klein links, 14 beide, 20 klein beide, 22, 23, 24, 25 beide, 26, 27, 28 beide, 29, 31, 32, 36, 37, 38, 41, 43, 46 beide, 47, 48 beide, 49 beide, 51 beide, 53, 54 klein beide, 57, 58 beide, 59 beide, 61, 62 beide, 63, 64, 67, 68 beide, 69, 70 beide, 72, 73 beide, 74, 78 klein beide, 81, 82, 84, 85, 88, 89, 91, 92, 93, 94 beide, 95, 96, 99, 100 alle, 103, 104, 105, 106, 107, 109, 110, 111, 112, 113, 114, 115, 116, 119, 121, 122 klein beide, 125, 126, 127, 128, 129, 131, 132, 134, 135, 136, 137 beide, 140, 141, 144 alle, 147, 148, 150 beide, 151, 153, 155, 156, 157, 158, 161, 162, 165 unten rechts

Stockfood
U1, S. 6 alle, 7 alle, 10 klein rechts, 12, 13, 15, 18 beide, 20 groß, 35, 78 groß, 87, 117, 122 groß, 139, 143, 165 unten links

ISBN 978-3-86362-038-7

Projektleitung, Redaktion und Lektorat: Julia Genazino
Layout und Gestaltung: Christine Paxmann text • konzept • grafik, München

Alle Rezepte dieses Buches wurden mit Sorgfalt zusammengestellt und überprüft.
Eine Garantie kann jedoch nicht übernommen werden.

Printed in Italy 2015

Verlagswebsite: www.d-hverlag.de

FSC
www.fsc.org
MIX
Papier van verantwoorde herkomst
FSC® C084761